Magisches München

Tamara von Butlar & Kurt Derungs

Magisches München

Reisen zu mythischen Orten

Mit einem Beitrag von Dieter Ahlborn

edition amalia

edition amalia, Grenchen bei Solothurn
Coverbild: Corry DeLaan, München
Lektorat: Sibylle Heimgartner
Gesamtherstellung: Trykcentret
Printed in Denmark

ISBN 978-3-905581-34-8

www.amalia.ch

Inhalt

VORWORT

Dieses Buch hat eine kleine Vorgeschichte und beginnt eigentlich am Bodensee. Seit Jahren beschäftigt mich diese schöne Seelandschaft, wo ich auch aufgewachsen bin, und eine erste Publikation zur Region erfolgte 2005 mit dem Buch „Quellen Kulte Zauberberge". Es folgten Ausstellungen zum Thema in St. Gallen und Bregenz. Während der Vorbereitungen rückte der Bodensee wieder in die Nähe der Betrachtungen, und es wurde auch deutlich, dass die Mythenlandschaft um den See noch keineswegs hinreichend beschrieben wurde. So erschien nach längerer Vorarbeit im 2011 das Buch „Magischer Bodensee. Reisen zu mythischen Orten". Der Erfolg dieses Reiseführers war überraschend und erfreulich zugleich. Bald darauf ermunterten mich Leserinnen und Leser, die Reihe fortzusetzen und weitere Regionen in ähnlicher Art und Weise zu beschreiben. Ein schöner Zufall war, dass nun plötzlich Bayern und München als Thema im Raum standen. Diese Landschaft ist reich an Bräuchen, Sagen und archäologischen Funden, ebenso spricht die Schönheit der Natur im Voralpengebiet für sich. Schon vor Jahren bereiste ich den Starnberger See, den Chiemsee und den Bayerischen Wald, dazu weitere Stätten in Bayern, als ich auf den Spuren der Marienorte war. Aus dieser Spurensuche entstand das Buch „Magische Stätten der Heilkraft", worin Orte in Bayern wesentlich vertreten sind.

So war also Oberbayern und München in bester Erinnerung und boten sich an, die „Reisen zu mythischen Orten" in ansprechender Weise fortzuführen. Der Titel „Magisches München" war dabei schon durch das Bodenseebuch gegeben, denn es soll ja nicht bei diesem Einzelbuch bleiben, sondern eine in sich stimmige Fortsetzung mit magischen Orten, die dazu einladen, auf landschaftliche Spurensuche zu gehen.

Erfreulicherweise sind zur „mythischen" Kulturgeschichte Münchens bzw. Bayerns in letzter Zeit verschiedene Publikationen erschienen. So haben die Bücher von Fritz Fenzl die Münchner für ihre „Kraftorte" aufmerksam gemacht. Geradezu ein Kompendium legt Andreas Scherm mit seinen Wanderungen vor, worin er sein enormes Wissen einbringen kann. Empfehlenswert ist auch das Büchlein von Martin Bernstein „Römerstraßen und Kultplätze", das eine kurzweilige Zeitreise im Bayernland ermöglicht. Sehr geschätzt habe ich das schon etwas ältere Buch „Heilige Quellen zwischen Donau, Lech und Salzach" der Autoren Heidemarie und Peter Strauss. Erwähnen möchte ich schließlich noch „Bayerische Sagen und Bräuche" von Friedrich Panzer, der auf seinen Dienstreisen im 19. Jahrhundert Sagen sammelte. Wie damals üblich und im Sinne der Brüder Grimm interessierten ihn vor allem Erzählungen mit Spuren eines alten Götterglaubens. Diese Sichtweise sieht man heute etwas differenzierter, dennoch ist Panzers Werk unentbehrlich und eine Fundgrube gerade auch für den weit verbreiteten Dreifrauenkult. Dieser ist in Bayern sehr stark vertreten.

Und wie steht es mit „Magisches München"? Trotz aller Beiträge in Buchform glaube ich nicht, dass die Mythenlandschaft München/Oberbayern schon gänzlich beschrieben ist. Immer noch finden sich spannende Orte und alte Spuren, so beispielsweise der Karlsberg bei Leutstetten durch die Sagenforschung oder die Ringgabe an den Walchensee durch das Brauchtum. Da es sich auch hier um eine fragmentierte Landschaft handelt, was die mythologische Sichtweise angeht, war es für mich reizvoll, diese Vereinzelung etwas aufzuheben und einige Zusammenhänge aufzuzeigen. Hinzu kommen verschiedene Epochen, die als zeitliche Sedimente berücksichtigt werden müssen und die oft mehr nachwirken, als dies wahrgenommen wird. So bergen rätselhafte Themen wie Marienorte, Drache und Frau, heilige Quellen und Brunnen, die Isar als Lebensader, Keltenschanzen, Erdställe, Stätten des Dreifrauenkultes, Kultsteine und frühchristliche Plätze noch verschiedene Überraschungen.

Somit beginnt dieses Buch mit dem Beitrag „Magisches München", worin Tamara von Butlar vor allem die Kultur- und Kunstgeschichte der Stadt aufzeigt und dann ihre Beschreibungen ins Umland erweitert. Ein zentrales Thema dabei ist ihr die Isar als Lebensquelle, die Bäche, Brunnen, Seen und Quellen dieser naturnahen Stadt und ihres oberbayerischen Umfeldes. Auch auf das Drachenmotiv in München als auch in der Landschaft kommt sie zu sprechen. Der nächste Beitrag handelt von der „Unterwelt Bayerns", d.h. von den mysteriösen Erdställen und künstlichen Gängen, die so häufig unter der Erde zu finden sind. Dieter Ahlborn widmet sich seit Jahren diesem Thema und betreibt mit großem Aufwand seine Forschungen. Umso erfreulicher sind seine Fernsehbeiträge und Ausstellungen, die u.a. dazu dienen, die geheimnisvolle Unterwelt ins Blickfeld zu rücken. Mit dem letzten Beitrag widme ich mich aus landschaftsmythologischer Sicht dem Stein-, Wasser- und Baumkult. Dabei kommen auch die Altstadt Münchens und die Aubinger Lohe im Westen zur Sprache. Dann geht es ins Umland zu den Quellen und Bäumen, zum Schatzberg bei Dießen am Ammersee, auf die mythische Anhöhe „Lindl" bei Weyarn oder zum Schlafstein bei Wilparting. Besonders die sagenumwobenen „drei Frauen" und ihre Kultstätten waren mir ein Leitmotiv, wodurch viele Zusammenhänge aufgedeckt werden konnten.

Insofern ist „Magisches München" mit seinem Themenkreis mehr als ein regionales Buch. Es knüpft nahtlos an das schon erwähnte „Magischer Bodensee" an und ergänzt auf spannende Weise die gesamte Titelreihe. Außerdem soll es die Entdeckungsfreude wecken, die verborgenen Stätten vor der eigenen Haustüre zu erkunden. Zudem hoffen wir, dass die Faszination für diese Landschaft in den Beiträgen spürbar wird und sich so auf die Leserinnen und Leser überträgt.

Kurt Derungs

MAGISCHES MÜNCHEN

Tamara von Butlar

EINLEITUNG

„Magisches München“ – ein Titel, der selbst schon magisch klingt und häufig „magnetisch“ wirkt. „Magisch“ ist ein inzwischen von Autoren häufig und gern benutztes Adjektiv. Es beschreibt eine Welt jenseits reiner Sachlichkeit und purer historischer Daten und Fakten. In den diversen Lexikas findet sich zu dem Wort „Magie“ und „magisch“ die Erläuterung und das Synonym: „Zauber“ und „verzaubert“. Von etwas verzaubert zu sein, bedeutet auf ungewohnte Weise berührt zu sein, ob dies eine Landschaft ist, ein Platz in einer Stadt, ein Mensch selbst oder ein Gegenstand. Etwas löst diese Verzauberung aus und manchmal entzieht es sich unserer Erklärung. Dann stehen wir staunend da und lassen uns berühren. Rein rational ist dies nicht immer erklärbar, aber es ist erfahrbar.

Eine Stadt mit ihren Plätzen und Straßen, Baudenkmälern und Häusern, Parks und Flüssen will ebenso wie eine Landschaft erfahren sein. Das stellt einen persönlichen Bezug her. Dieser Bezug ist nicht austauschbar und bedeutet in einem lebendigen Austausch mit dem eigenen Umfeld zu stehen. So ist die Liebe, die wir zu einer Stadt empfinden, wenn wir in ihr Tag für Tag uns bewegen und leben, etwas sehr persönliches und gleichzeitig „magisch“. Es ist immer etwas in dieser Magie der Liebe, was sich nicht zu 100 Prozent erklären lässt. Das ist magisch.

Ein weiteres Buch über das „Magische München“ zu schreiben ist ein Wagnis, und doch berechtigt. Diese Stadt ist eingebettet in eine weite Landschaft des Voralpenlandes, durchströmt von der „Wilden Isaria“, wie sie von den Einheimischen liebevoll genannt wird, umgeben von vielen großen Seen, umringt von Bächen, Quellen, Wasserfällen und den Bergen im Süden, Südosten, Südwesten und der Schotterebene im Norden – all dies lohnt eine weitere Erkundung auf den Spuren einer ganz besonderen Magie: der Magie der Schönheit.

Dieses Buch ist eine Zeitreise, d.h. es ist eine Spurensuche und eine Wanderung an Orte innerhalb und außerhalb der Stadt mit einem Blick auf die Landschaft und die Natur, welche diese Stadt nicht nur „umgibt", sondern vom Innersten her prägt, und neben allen historischen, sozialen, und kunsthistorischen Aspekten über Jahrhunderte, ja Jahrtausende hinweg geformt und ihren Charakter gebildet hat. Viele Städte werden von Flüssen durchzogen, denn meist waren diese in besonderem Maße der Anlass für Städtegründungen, aber es gibt wohl kaum eine Stadt in Deutschland, deren Fluss noch so lebendig und sauber ist, dass im Sommer Hunderte von Menschen diesen Lebensraum mit viel Freude nutzen und darin baden, oder sich an den Ufern treffen.

Auch wird bei dieser Spurensuche nach dem „Magischen München" immer wieder ein besonderes Augenmerk auf das „Weibliche" in dieser Stadt gelegt. Bei der unzähligen Literatur, die es bereits zu München gibt, wurde dieser Aspekt noch nicht in dem Maße ausreichend gewürdigt, noch beschrieben. Natürlich gibt es inzwischen Bücher zu „Frauengestalten, Schriftstellerinnen, Künstlerinnen in München", oder gar über „Frauen in Bronze und Stein". Aber dies ist nicht gemeint, obgleich diese ersten Aufmerksamkeiten dem Thema gegenüber willkommen sind. Kaum eine andere Stadt in Deutschland hat das „Weibliche", d.h. das „Göttlich Weibliche", in den Mittelpunkt gestellt wie München mit der Mariensäule. Diese steht im Zentrum auf dem Marienplatz, und Maria wird hier als apokalyptische Himmelskönigin über der Stadt thronend gezeigt. Sie ist seit dem Beginn des 17. Jahrhunderts der Mittelpunkt von München. Maria ist die „Patrona Bavariae", wie es so schön heißt, die Patronin dieser Stadt und Hüterin des ganzen Landes.

Unser Anliegen ist es, den Leserinnen und Lesern Orte und Plätze in München und im Umland mit neuem Blick nahe zu bringen. Und womöglich ganz neue, gar „ungewohnte" Aspekte, Bezüge und Zusammenhänge aufzuzeigen, um so die darin wohnende „Magie" und den „wahren" Zauber dieser Stadt und ihres Umlandes aufzuzeigen. Vor allem geht es darum, eine Leidenschaft zu wecken für eine weitläufige Landschaft, die mit ihrer Mischung aus Tradition, Erdverbundenheit, alter Geschichte, starker Natur und besonderer Schönheit, ungewöhnlich ist und bleibt. Eine Stadt und ihr Land, die sich inmitten aller Modernität ein rechtes Maß an Ruhe und Beschaulichkeit bewahrt hat. München ist eine „Weltstadt mit Herz", und es bedarf nur ein wenig Entdeckungslust, dieses aufzuspüren und zu erforschen!

ISARIA DIE REISSENDE

Die Isar – auch „Isaria" genannt – ist ein 295 km langer Fluss, der in Scharnitz (Österreich), genauer gesagt im Karwendelgebirge, entspringt und bei Deggendorf in die Donau mündet. Sie durchquert verschiedene Städte unter anderem Wolfratshausen, wo die Loisach in sie einmündet, München und Freising. Die etymologische Forschung bezieht sich hier zumeist auf indoeuropäische Herkunft und übersetzt ihren Namen mit „fließendes Wasser", oder die „Reißende". In der Tat ist sie ein immer noch wilder Gebirgsfluss, trotz des ihren Wasserstand stark regulierenden Sylvensteinspeichers und des Isarkanals. Sie wird oft auch „grüner Fluss" genannt. In ihrem Ursprungsgebiet bei Scharnitz hat sie eine türkisblaue Färbung über hellem weißen Kiesbett und verwandelt sich in Richtung München in einen zunehmend grünen Fluss.

Flüsse sind seit jeher Lebensadern. Sie überziehen die Erde mit einem Netzwerk und verteilen so Wasser und wichtige Nährstoffe an die umliegende Landschaft. Keine der alten Hochkulturen ist vorstellbar ohne einen Fluss. Daher wurden und werden noch heute in verschiedensten Ländern Flüsse als „heilig" angesehen und entsprechend durch Rituale geehrt. Meist werden Flüsse auch als wesenhaft weiblich angesehen und als eine „weibliche Gottheit" gefeiert. Indien hat hier die heilige Ganga, den Ganges, Ägyptens alte Hochkulturen hatten den Nil, und auch die ältesten Kulturen im Industal hingen stets vom Wasser ab. Flüsse waren früher in verstärktem Maße auch Transportwege, die regen Handel über weite Distanzen ermöglichten. Ein Fluss ist Teil eines lebendigen ökologischen Systems, ständig in Bewegung, ständig in Veränderung begriffen und durchaus vergleichbar mit unserem Adernsystem, wo Blut die Funktion von Wasser inne hat. Man war sich durchaus der Macht, Kraft und zum Teil auch der Gewalt eines solchen Flusses bewusst. Die Menschen nahmen dies in Kauf und die Überschwemmungen in Ägypten waren Teil der jährlich begangenen Feierlichkeiten und der Mysterienspiele von Isis und Osiris, sowie Voraussetzung für die Fruchtbarkeit des gesamten Landes. Ein Fluss, der eine Landschaft durchströmt, ist selbst eine „Kulturtat" und bildet die Grundlage für eine von Menschen gegründete Ansiedlung, sei es ein Dorf oder eine Stadt.

Die Isar ist ein wunderbarer Fluss. Sie ist lebendig geblieben, obgleich man sie Jahre lang in ein Betonkorsett gepresst hatte. Nun befreit, weil „renaturiert", fehlt ihr oft das abgestaute Wasser, aber sie schlängelt sich wieder vielfältig durch das Umland und

Die Isar bei der Marienbrücke.

München selbst. Die Stadt hat enorm profitiert und ist um ein weiteres schöner geworden. Die Isar hat viele Gesichter und letztlich ist sie für München und Bayern das, was z.B. der Ganges für Indien bedeutet: eine heilige Lebensader.

Ein Besuch der Ursprungsquelle der Isar ist allen zu empfehlen. „Die Quellensuche – ein aufregendes Spiel", so beschreibt Carmen Rohrbach treffend in ihrem Buch „Der Grüne Fluss" ihre Suche nach dem Ursprung der Isar. Auch mir ging es ähnlich, als ich über viele Stunden zu Fuß den langen Weg zu den Quellen erwanderte, vorbei an den vielen Mountainbikern mitten in diesen Bergen aus „lichtgrauem Kalkgestein". In der Tat ist der genaue Geburtsort schwer zu bestimmen und es scheiden sich da zwei Meinungen von der „richtigen" Lage des Ursprungs: Für die einen sind es die ca. drei Quelltöpfe, die aus der Erde still und fast fröhlich unterhalb

Die Isar bei Scharnitz im Ursprungsgebiet.

Der Sylvenstein Speichersee.

des Bergmassivs nach oben gurgeln, für die anderen liegt der wahre Ursprung der Isar oben in den Bergen etwa fünf Kilometer südöstlich beim Hallangerhaus. Für mich persönlich war das Erlebnis der ebenerdig gefundenen Quellen besonders. Bei allem Tourismus und so manch einem Wanderer auf dem Weg, war es da plötzlich so still und fein. Eine Poesie aus Wasser zu Füßen der Felsen und nahen Berge, beinahe zärtlich leise sprudelte es aus der Erde, dass niemand hier sogleich die Ursprungsstätte eines großen Flusses vermuten würde. Und so eine verzauberte Stille.

Anders das Erleben von Carmen Rohrbach, die sich die Mühe machte, hinauf zu klettern: „Der Anstieg in der glatten Bergrinne wird zur Klettertour. Bedrohlich ragen riesige Kalkwände vor mir auf. Überhängender Fels formt eine Grotte. Aus einer Vertiefung tropf es sacht. Wassertropfen um Wassertropfen quillt hervor. Hier – aus dem Fels geboren – beginnt der Lebensweg meiner Isar." (S. 166)

Die Isar verlässt den Karwendel bei Scharnitz und wird zum ersten Mal bei Krün aufgestaut. Das Wasser wird hier größtenteils in den Walchensee zur dortigen Stromerzeugung abgeleitet. Etwa zwölf Kilometer südlich von Lenggries wurde ein großer See, der Sylvensteinspeicher, angelegt. Tief grün liegt er in einem großen weiten Tal und bietet einen herrlichen Anblick. Dieser Stausee dient dem Hochwasserschutz und auch der Energieerzeugung. Erst nach Bad Tölz hat die Isar die bayerischen Alpen verlassen und durchfließt dann die Moränenlandschaft und die Münchner Schotterebene, um schließlich München zu erreichen.

EINE LANDSCHAFT VOLLER SEEN UND FLÜSSE

Stadt und Land sind ineinander verwoben. Was die Isar als Fluss und Lebensader seit einem Jahrtausend für München und seine Bewohner ist, das ist auch das Umland mit seiner grandiosen Landschaft. Eine Landschaft ist wie ein Fluss immer im Entstehen und Wandel begriffen. Die Verwandlung ist Teil der Natur. Obgleich der Mensch seit Jahrtausenden direkten Einfluss auf die Gestalt und Gestaltung der Landschaft nimmt im Positiven wie Negativen, ob durch Agrarflächen, Flussbegradigungen, Industrieanlagen und Gewerbegebiete, oder den rasanten Zuwachs von Wohngebieten, gab es natürlich eine Zeit, in der die Natur sich selbst gehörte.

Die geologische Beschaffenheit der Landschaft um München ist eine besondere. Sie ist gekennzeichnet durch die sehr wasserreiche Schotterebene, flaches Land, deren Untergrund wasserundurchlässige Lehmschichten bilden, die man Flinze nennt, welche das Versickern der vielen Wasser, die aus den Bergen kommen, verhindern. Und andererseits ist München umgeben von einer hügeligen voralpenländischen Moränenlandschaft, die in den Tiefen und Senken Bayerns schönste Seen beherbergt: das Fünf-Seen-Land mit dem Starnberger See, Ammersee, Wörthsee, Pilsensee, im Chiemgau den Chiemsee mit dem Simssee und nicht zu vergessen den Staffelsee beim Murnau.

Das Zeitalter der großen Eiszeiten hat dieses Land geschaffen und in seinem Charakter geprägt. Die letzte Würmeiszeit endete 10000 v. Chr. So erläutern die Autoren Ernst Piper und Reinhard Bauer in ihrem informativen Buch „Kleine Geschichte Münchens“: „Die Wasser der schmelzenden Eismassen schoben das Geröll, besonders Schottersteine nach Norden und füllten die Täler damit aus. Die in der Eiszeit abgelagerten Niederterrassenschotter bedeckten den größten Teil der Münchner Ebene. Winde bliesen Staub hierher, der kalkreichen Löss bildete und zu Lehm wurde, der teilweise noch in einer Schicht von bis zu vier Metern über dem Schotter erhalten ist. Auf einer wasserundurchlässigen Schicht fließt hier das Grundwasser nach Norden ab und dringt dort stellenweise in Mooren empor.“ (S. 17)

Die Isar von der Großhesseloherbrücke.

Kennzeichnend für München und sein Umland ist diese unendliche Fülle an natürlichem reinen Wasser, ob dies das Grundwasser ist, die vielen Quellen, Bachläufe, die es gibt, oder die großen Seen Oberbayerns, die ein großes Naherholungsgebiet für die Münchner bieten. Wasser ist kein selbstverständliches Gut. Es gibt inzwischen zunehmend Gebiete auf dieser Welt, die Wasserknappheit melden und es ist absehbar, dass weltweit die gleichwertige Verteilung von Wasserreserven ein nicht geringes Problem darstellen wird.

Der Wasserreichtum Münchens und Oberbayerns ist nicht nur ein besonderes Merkmal dieser Landschaft, sondern ein großes Geschenk und der Reichtum dieser Stadt und seiner Bürger, sofern dieses Wasser weiterhin als besonderes Gut erkannt und rein erhalten wird. Die Isar, die als ursprünglich „wilder" Gebirgsfluss mitten durch München fließt, ist nicht nur ein Stück Erholung und selbstverständliche Freude mitten in der Stadt, sondern gemahnt auch mit ihrem Wasser an die Reinhaltung und den Respekt vor der Natur.

Und dann ist da der Lehm. Auch ein besonderes „Gut" des Münchner Landes. Vor allem im Mittelalter wurde er für die Herstellung von Ziegeln benutzt. Es gab bis ins 19. Jahrhundert viele Ziegelbrennereien am Stadtrand, und der Münchner Frauendom wurde beispielsweise aus diesen Ziegeln gebaut.

Und nicht zu vergessen die Gesamtlage Münchens am Fuße der Bayerischen Alpen: die Berge. Bei Föhnwetter, was für ein herrlicher Anblick! Die Münchner lieben und schätzen ihre Berge. Sie ziehen sich entlang des Horizonts und jedem ist bewusst, hinter den Alpen liegt Italien und das Meer! Die Alpen mit ihrem Umland bieten ein strahlendes Panorama und immer wieder neue Ausblicke auf eine Landschaft, die in vielerlei Hinsicht noch „gesund" ist. Nicht nur die vielen Weiden und Wiesen im Voralpenland, auch die Wälder in den Bergen mit seltenen Pflanzenarten und Tieren sind schützenswert und Teil eines großen Natur-Reservoirs, von dem München als Stadt profitiert.

Das Klima Münchens wird beeinflusst von der Lage durch die Nähe zu den Alpen. Es ist weitgehend gemäßigt, mit ausgeprägten vier Jahreszeiten. Das Frühjahr führt oft mit Schneeschmelze und häufigem Dauerregen zu Hochwasser, was seit vielen Jahrhunderten ein Thema für die Stadt und das Umland ist. Das Klima ist ansonsten weitgehend ausgeglichen. Und auch wenn sich viele Münchner ein „italienischeres" Wetter wünschen, blüht, wächst und gedeiht hier die Vegetation ohne nennenswerte Trockenperioden oder andere Extreme.

Alle die hier beschriebenen landschaftlichen und klimatischen Voraussetzungen zeigen ein optimales Feld für eine Stadt und ihre Bevölkerung, die umringt ist von Naturschätzen im Sinne von Lebensqualität und einer Schönheit, die weltweit immer rarer wird. So bedingt die Magie dieser Landschaft auch die Magie und Ausstrahlung Münchens selbst.

DIE ENTSTEHUNG EINER STADT

Als Gründungsdatum der Stadt gilt das Jahr 1158. Eine urkundliche Erwähnung im sogenannten „Augsburger Schied", einer mittelalterlichen Urkunde, in der von einer Schlichtung zwischen Heinrich dem Löwen, dem Herzog von Bayern und Sachsen, und dem damaligen Bischof von Freising die Rede ist, gilt hier als erste urkundliche Erwähnung der altdeutsch „Munichen" genannten Stadt. Dieser Schied war von Kaiser Barbarossa und anderen Fürsten der Zeit beschlossen worden und sollte einen Konflikt befrieden, in dem es um Münzrechte, den Salzhandel und um den erhobenen Zoll ging, der an der Oberföhringer Brücke vom Bistum Freising erhoben wurde. Berichtet wird in den überlieferten Quellen von einer Begebenheit, bei welcher der von Barbarossa ernannte Herzog von Bayern, Heinrich der Löwe, diese Brücke mit einem Tross überqueren und man ihm den Weg nur gegen eine Gebühr frei geben wollte.

Dieses Verhalten erregte nachhaltig den Zorn des Fürsten, da er ja selbst zum Regenten des Landes ernannt worden war, und spiegelt den immer wieder aufbrodelnden Konflikt von weltlicher und geistlicher Macht in jener Epoche. Wer hier in alle Details und den derzeitigen Forschungsstand zur Münchner Gründungsgeschichte eintauchen möchte, der sei auf die wertvolle Schrift von Freimut Scholz „Die Gründung der Stadt München. Eine spektakuläre Geschichte auf dem Prüfstand" verwiesen. Mit dem Augsburger Schied wurde von Kaiser Barbarossa entschieden, dass der Herzog von Bayern, Heinrich der Löwe, die Rechte auf Markt-, Münz- und Zollrecht an der neuen Brücke über der Isar (am Platz der heutigen Ludwigsbrücke) bekam, aber ein Drittel seiner Einnahmen bis auf weitere Zeiten an den Bischof von Freising abtreten sollte. Zum Zeitpunkt des Augsburger Schieds blieb die Föhringer Brücke erhalten, von der erst im Jahr 1180 die Zerstörung durch Heinrich den Löwen berichtet wird. Nach seiner Ächtung fielen die Rechte wieder an die Freisinger Bischöfe, die noch bis in die Mitte des 19. Jahrhunderts Gebühren für die Nutzung der Isarbrücke erhoben. Somit ging es bei der mittelalterlichen Gründung der Stadt um folgende Faktoren: um die Isar, um Salz, um einen Konflikt zwischen geistlicher und weltlicher Macht und um einen neuen Standort eines Übergangs über den Fluss.

Salz ist für den Menschen ebenso wichtig wie Wasser. In früheren Zeiten nannte man das Salz, das „weiße Gold der Erde". Salzhandelswege führten quer über den ganzen Planeten und waren für das Altertum ebenso bedeutend, wie auch im Mittelalter, also auch zur Zeit der Gründung Münchens. Für das Herzogtum und spätere Kurfürstentum Bayern war der Salzhandel jahrhundertelang die wichtigste Wirtschaftskraft. Die Produktionsstätte und der Abbau von Salz lag damals in Bad Reichenhall. Von dort führte der Salzhandelsweg über Burghausen, Mühldorf, Wasserburg bis nach München und Landshut. Ein weiterer bedeutender Weg führte über die Isar Richtung Westen zum Bodensee. Salz und Wasser, Fluss und Brücke spielten hier eine maßgebende Rolle für einen gelungenen Transport und für den Handel unter Menschen. Rom entstand zum Beispiel an der Stelle, wo sich der Salzhandelsweg mit dem Lauf des Tibers kreuzte. In einer vorindustriellen Zeit – ohne Kühlschränke – war Salz ein unabdinglicher Stoff für die Konservierung von Lebensmitteln. Schon für die Hochkulturen der Ägypter, Sumerer und Babylonier war Salz sehr bedeutend als Gewürz und Konservierungsmittel.

Salz und Wasser, Flüsse als Transportwege, Handel, Reichtum und Macht und Machtkämpfe – alles dies bildet ein Flechtwerk von Hintergründen und Voraussetzungen für die Bildung und Entstehung einer Stadt. Anzunehmen bei der Gründung ist allerdings, dass Heinrich der Löwe bereits auf eine Ansiedlung und damit auf eine schon vorhandene Infrastruktur vor Ort zurückgreifen konnte. Häufig wird in der Literatur eine Ansiedlung von Mönchen im Vorfeld des Brückenkonfliktes vermutet. Aber Gewissheit besteht hier nicht, noch gibt es stichhaltige schriftliche Überlieferungen.

Die Schotterebene hatte allerdings schon zu Römerzeiten Bedeutung als Verkehrsknotenpunkt. Die Isar wurde mit Flößen beschifft und war so ein wichtiger Handelsweg von Süden nach Norden. Zwei Römerstraßen, die noch weit bis ins Mittelalter genutzt wurden, boten ein Netzwerk, ebenso wie die Salzstraßen. Es gab daher bereits vor der Gründung Münchens ein weit verzweigtes Verkehrsnetz in diesem Land. Hinzu kamen einflussreiche Klostergründungen wie Schäftlarn und Frauenwörth, sowie die Burgen von adligen Rittern wie z.B. Andechs, Dießen und Grünwald. Der Domberg zu Freising, die einzige auffällige Erderhebung inmitten der nördlichen Schotterebene, war mit der Konzentration der geistlichen Macht als Bischofssitz Anfang des 12. Jahrhunderts natürlich ebenso wichtig wie Augsburg. So scheint

München von Anbeginn eingebettet in dieses vorhandene Dreieck – ja Bezugsgssystem von diesen beiden im Mittelalter mächtigen und bedeutenden Städten.

EINE WELTSTADT MIT HERZ UND IHR ZENTRUM

Das Zentrum Münchens ist die Mariensäule auf dem heutigen Marienplatz. Es ist der Herzpunkt dieser Stadt und „Punkt 0", d.h. Ausgangspunkt für alle Messungen von Entfernungen zu anderen Orten in Bayern. Die Mariensäule und ihre Entstehung hat folgende Geschichte: In der ersten Hälfte des 17. Jahrhunderts war der damalige Regent Herzog Maximilan I. (1573–1651). Maximilan war ein sehr gläubiger Fürst und förderte besonders die Marienverehrung. Inmitten des Dreißigjährigen Krieges, der 1618 begann, kam München in große Bedrängnis, als die schwedischen Truppen 1632 vor den Toren standen und einmarschieren wollten. Das allgemeine Leid war enorm, die Bevölkerung war von Krankheiten heimgesucht worden, und besonders der Schwarze Tod, die Pest, war stets durch das ganze Spätmittelalter hindurch eine Plage für die Menschen. Hinzu kamen Missernten, Hunger, Armut und Brandschatzung, sowie Plünderungen. Diese drohten der Stadt nun von Seiten der Schweden. Die umliegenden Ortschaften waren von den Truppen des schwedischen Königs Gustav Adolf bereits heimgesucht und geplündert worden.

In dieser Not flehte Maximilian I. die Mutter Gottes um Hilfe an und gab ihr aus tiefstem Herzen ein Versprechen, ein Gelübde: Wenn sie die Münchner und die Stadt vor den Schweden bewahre, dann werde er ihr ein Denkmal setzen. Dieses Wunder geschah tatsächlich und die Stadt wurde verschont! Daraufhin ließ er 1638 die Mariensäule auf dem Marienplatz errichten. Die Aufstellung der Säule am Marktplatz, dem Mittelpunkt der Landeshauptstadt, war

Die Mariensäule vor dem Neuen Rathaus.

Maria auf der Mondsichel und der Mariensäule.

ein Höhepunkt. Im Grunde war es der zweite „Geburtsmoment" Münchens, dieses Mal nicht nur als eine vom Kaiser genehmigte Stadt, sondern als eine gesegnete Ansiedlung.

Die lateinische Inschrift auf der Mariensäule lautet folgendermaßen: „Dem allergütigsten Gott, der jungfräulichen Gottesgebährerin, der gnädigen Herrin und hochmögenden Schutzfrau Bayerns hat wegen Erhaltung der Heimat, der Städte, des Heeres, seiner selbst, seines Hauses und seiner Hoffnungen dieses beliebende Denkmal für die Nachkommen dankbar und demütig errichtet Maximilian, Pfalzgraf bei Rhein, Herzog von Ober- und Niederbayern, des Heiligen Römischen Reiches Erztruchseß und Kurfürst unter ihren Dienern der letzte, im Jahre 1638." – Demut und Dankbarkeit waren groß, die Verbundenheit mit Maria, der Himmelskönigin und Weltenschöpferin eine besondere. Sie, Maria, steht in vergoldetem Gewand auf der Mondsichel, bekrönt, mit dem Jesuskind auf dem linken Arm und dem Reichsapfel, sowie einem Szepter in ihrer Rechten. Im Kopf der Madonna ist ein Reliquienbehälter eingelassen. Sie überragt den gesamten ehemals Schrannenplatz genannten Platz, der erst seit der Mitte des 19. Jahrhunderts den Namen „Marienplatz" trägt. Eine gnadenvolle Göttin zu deren Füßen jeden Tag viele Menschen sich treffen. Sie sieht dem Treiben der Menschen auf dem Platz mit Muße und Gelassenheit zu. Maria gilt als die große „Dämonenabwehrerin", so wie sie Johannes der Evangelist in seiner Apokalypse beschreibt, als „apokalyptisches Weib". Vor der strahlenden Sonne auf der Mondsichel stehend mit dem neugeborenen Kind auf dem Arm (ebenfalls wie das Szepter ein Motiv aus der Tradition der Isisverehrung) konnte sie sich des großen Drachen erwehren in der Vision des hl. Johannes. Nicht von ungefähr finden sich am Fuße des Denkmals vier Bronzeputten, die das „Böse" abwehren sollen mit den jeweiligen Tiergestalten als Attribute, die da wären: der Löwe, der Basilisk, der Drache und die Schlange. Der Löwe verkörpert den Krieg, der Drache den Hunger, der Basilisk die Pest und die Schlange den Unglauben. Diese Darstellung bezieht sich auf einen Psalm 90 Vers 13, der lautet: „Super aspidem et basiliscum ambulabis et leonem et draconem conculcabis" – „über die Schlange und den Basilisken wirst du schreiten und den Löwen und den Drachen wirst du zertreten." In verkürzter Form ist dieser Wortlaut auf den Schilden der Puttis wiedergegeben. Zur Entstehung der Statue ist noch anzumerken, dass diese ursprünglich von dem Künstler Hubert Gerhard für das Grab Wilhelms V. vorgesehen war und bis 1613 auf dem Hochaltar der Frauenkirche Verwendung fand.

In Folge wurde die Idee der Mariensäule bayernweit, ja grenzüberschreitend in vielen Ländern aufgegriffen, so z.B. in Murnau, Freising, Weilheim, Trier, Wien und Prag. Besonders ist – wenn wir hier noch einmal für einen Moment innehalten –, dass das Herz der Stadt München mit Maria selbst, dem Aspekt des Weiblich Göttlichen verbunden ist und diese Verbindung letztlich nur mit dem Herzen der Menschen ihre Legitimation erfährt. Das Kennzeichen des Herzens ist, dass es tolerant ist, offen, frei und ohne Urteil. Die „Patrona Bavariae" ist somit Mittlerin zwischen Mensch und dem Göttlichen, Vermittlerin von Gnade für das Leid der Menschen, für alle Menschen, ebenso ist sie Bewahrerin und Beschützerin „auf höchstem Niveau", denn sie wehrt alles Leid und alle Unbill ab von den Bewohnern dieser Stadt und des ganzen Landes. So ist das Weibliche in Gestalt der Maria auf ganz stillen und gleichzeitig auch auf sehr drastischen – historisch dokumentierten – Wegen nach München gelangt. Das Weibliche wird hier gefeiert, geehrt und verehrt. Ob bewusst oder unbewusst, thront es still, beinahe unbemerkt über den Menschen dieser Stadt und dieses Landes und verströmt seinen Segen.

DER MARKTPLATZ UND DIE BRUNNEN UND BRÜNDL

Die Mariensäule befindet sich, wie wir bereits erfahren haben, auf dem zentralen Marktplatz von München. Marktplätze waren immer das Herz einer Stadt. Der Austausch von Waren, das ganze gesellschaftliche und soziale Miteinander hat sich auf den Marktplätzen abgespielt. Und die Gründungsgeschichte von München erzählt vom Handel, dem Salzhandel und den insbesondere damit verbundenen Interessen und Machtkonflikten. Das Stadtmodell Jakob Sandtners von 1570, ein gutes Anschauungsmodell, befindet sich heute im Bayerischen Nationalmuseum München und zeigt den Marktplatz im Mittelpunkt: „Der Münchner Marktplatz lag nahe dem Eingang in die Stadt, wo die Fuhrwerke von der Isar hereinkamen. Unmittelbar daneben öffnete sich ein weiteres Marktareal um St. Peter, die älteste Kirche der Stadt." (aus: S. 94, Freimut Scholz, Die Gründung der Stadt München)

Neben dem Stadtmodell existieren noch weitere, sehr informative Nachweise von bildlichen Belegen der historischen Stadt: so die im Jahr 1493 in Nürnberg erschienene Schedel`sche Weltchronik, ein bedeutendes Zeugnis der Buchdruckkunst. Das handgeschriebene Exemplar befindet sich in der Bayerischen Nationalbibliothek. Einen wunderbaren Einblick gibt auch eine von Tobias Volckmer im Jahre 1613 angefertigte Karte Münchens, die „Monachium Bavariae". Ein kolorierter Stadtplan aus dem Jahr 1806 zeigt München – nach mehr wie viereinhalb Jahrhunderten – als eine nach dem Bau des zweiten Mauerrings immer noch unverändert gebliebene Stadt!

All diese überlieferten Nachweise des historischen München zeigen, dass sich an dem ursprünglichen Marktplatz und dessen Lage erstaunlicherweise bis heute nicht viel verändert hat, bis auf die Namensgebung. Es ist kein Straßenmarkt, der von dem einen Tor (dem Eingang am „Schönen Turm") vom Tal her über die Neuhauser Straße zum Neuhauser Tor führt. Es ist von seiner Anlage her ein großer rechteckiger Platz, in dessen Mitte ursprünglich ein Brunnen stand. Über Jahrhunderte markierte ein Brunnen den zentralen Vermessungspunkt Münchens. Wir können dies an dem mittelalterlichen Stadtmodell Sandtners von 1570 gut erkennen. Und zum Mittelpunkt hin befanden sich an den zwei diagonal gegenüber liegenden Ecken je ein größerer Laufbrunnen und ein älterer Ziehbrunnen.

Der Fischbrunnen am Marienplatz.

Heute findet sich auf dem Marienplatz nur mehr der so genannte Fischbrunnen. Zur Mariensäule bildet der Brunnen einen unausgesprochenen Bezug. Hier treffen sich Menschen allen Alters, Liebespaare, und Verabredungen werden an dem Brunnen getroffen. Es ist das einzig verbliebene Wasserbecken auf dem Platz. Und wo Wasser ist, ist Lebendigkeit und Leben. An der Stelle des heutigen Fischbrunnens ist, so wird überliefert, bereits 1318 ein Schöpf- und Ziehbrunnen gewesen. Also eine lange Tradition für diesen Standort bis heute.

Auf der sehr schönen Zeichnung von 1613, dem Stadtplan von Tobias Volckmer, sind zwei Zierbrunnen auf dem Marienplatz, damals einfach nur „der Marckt“ genannt, zu erkennen. Der eine befand sich da, wo heute der Fischbrunnen steht, der andere war diagonal auf der anderen Seite am Beginn der heutigen Weinstraße. Es handelte sich um einen zierlichen und originellen Neptunbrunnen, und dieser war dem griechischen Gott der Ozeane und Meere geweiht. Der Neptunbrunnen ist aufs Beste heute noch in einem beinahe naiv anmutenden Gemälde von 1636 im Stadtmuseum zu sehen. Der antike Gott Neptun steht auf einer Säule über dem Wasserbecken und hält in der Rechten den großen Dreizack. Direkt daneben befand sich, wie im Bild zu sehen, ein zierloser Ziehbrunnen, an dem die Bürgerinnen und Bürger ihr Wasser holten. Auch auf einem Kupferstich des Künstlers Matthäus Merian aus dem Jahr 1644 sind diese Brunnen sehr detailgetreu dargestellt.

Marktplatz und Wasser gehörten seit alters her zusammen – Wasser, das alle schöpfen konnten. Die Wasserversorgung inmitten der Stadt, und diese war über die Ziehbrunnen garantiert, war enorm wichtig für alle Bürger. Dass die heutige Mariensäule sich am Platz des ursprünglich zentralen und ersten Brunnens der Stadt befindet, ist bemerkenswert und wirft ein Licht auf die Zusammenhänge von Marienkulten und Wasser. Maria und Marienverehrung stehen in allen Überlieferungen in einem Kontext mit Wasser, Fels und/oder Grotte. Die großen Wallfahrtsstätten und „Wunderorte", an denen Maria heute noch Verehrung erfährt, Orte, an welchen Heilung geschehen kann, liegen häufig am Ursprung von Quellen, in Grotten oder in einem Fels, aus dem Wasser quillt. Auch die „Bründl" und Brunnen spielen dabei ein große Rolle. Jeder Brunnen ist sinnbildlich gesprochen ein Gefäß, aus dessen Tiefen das Wasser geschöpft wird. Und Wasser ist Leben.

Das Weibliche ist mit dem Element Wasser verbunden, auch am Marienplatz, und wurde in vielen alten Kulturen entsprechende geehrt. So wie der Fischbrunnen Treffpunkt und Austausch ist, so ist die Mariensäule mit ihren wachenden und abwehrenden Puttis eine Einladung der persönlichen Einkehr und Besinnung – inmitten von städtischem Trubel. Im antiken Griechenland wurden die heiligen Quellen hoch verehrt und waren, wie auch für die Kelten, mit ihrem Gemurmel und Rauschen bevorzugte Orakelstätten. Ebenso für die Etrusker in Italien, deren Verehrung des Wassers wenig bekannt ist. Bayern und das Umland von München sind voller Quellen und Bründl. Die Magie dieser Plätze ist mit der Magie des Elementes Wasser verbunden und daher stets ein Mysterium.

DIE HISTORISCHE ALTSTADT

Die historische Stadt „Munichen“ lag nicht nur an den Ufern der „Iser“, wie sie altdeutsch genannt wurde und war durchflossen von vielen Bächen, sondern war mit ihrer Erweiterung der zweiten Stadtmauer umringt von Wasser – in Gestalt eines großen Wassergrabens. Der Grundriss hatte die Form einer Armbrust, eines gespannten Bogens, und um diesen großen Bogen floss noch im 17. Jahrhundert das Wasser des Grabens. Der Wassergraben umringte die Stadt und ihre fünf Tore: Das Isartor, das Angertor, Sendlinger Tor, Neuhauser Tor und das Schwabinger Tor im Norden.

Der ursprüngliche Eingang der Stadt lag im Südosten, da wo die Salzstraße nach Salzburg führte und wo die besagte Brücke (der Gründungsgeschichte) über die Isar gebaut worden war, um das ankommende Salz weiter Richtung Westen zu transportieren. Von dieser Brücke kommend, durchquerte man in alten Zeiten ein Stück Land, sowie eine kleine Brücke über den Laumbach, um schließlich ans heutige Isartor zu gelangen und von dort über die Gasse „im Thall“ ins Stadtzentrum. Die Straße, die heute vom Isartor zum Marienplatz führt, heißt immer noch „Im Tal“. Auch die übrigen Straßennahmen im historischen Altstadtkern haben sich kaum verändert.

Münchner Marktplatz auf einem Gemälde von 1634, Stadtmuseum.

Im Zentrum des historischen München befand sich wie erwähnt der heutige Marienplatz, damals einfach „der Marckt“ genannt. Anfang des 19. Jahrhunderts hieß er „Schrannenplatz“, und wurde dann in der zweiten Hälfte des 19. Jahrhunderts auf den heutigen Namen umgetauft. Vom Marienplatz gehen sternförmig die Straßen aus und enden bei den fünf genannten Stadttoren. Es gibt hier zwei Hauptachsen, die sowohl im mittelalterlichen München als auch heute noch existieren: die eine führt vom Südosten über das „Tal“ zum Zentrum und dann weiter über die Kaufinger Straße zum Neuhauser Tor in den Südwesten. Die andere Hauptachse führt von Süden über die Weinstraße und die „Schwabinger Gass“ (heute Theatinerstraße) nach Norden zum Schwabinger Tor, da wo heute die Feldherrnhalle und die Theatinerkirche stehen.

Es gibt einen innersten Altstadtkern Münchens und einen direkt daran anschließenden äußeren, der in seiner Ausdehnung bei den Stadttoren endet. Die ursprüngliche Stadtmauer wurde im 18. Jahrhundert geschliffen, auch der mittelalterliche Wassergraben existiert bereits seit dem Ende des 18. Jahrhunderts nicht mehr. Geblieben ist die innere Gestalt einer Stadt, die sich seit vielen Jahrhunderten im Kern und den Zerstörungen im Zweiten Weltkrieg wenig verändert hat: wie erwähnt ein Halbkreis mit einer sich zum Fluss Isar hin verbreiternden Spitze. Das ehemals historische Zentrum ist bis heute Mittelpunkt geblieben. Mit diesem Mittelpunkt und den sternförmig zu den alten fünf Stadttoren ausströmenden Gassen und Straßen (heute Fußgängerzone), bietet München den Besuchern und Einwohnern einen Bereich für Handel und Geschäfte, sowie für Austausch und Begegnung.

DAS WURMECK UND DER DRACHE

Vielen ist das „Wurmeck“ bekannt durch die Schilderungen von Fritz Fenzl, der hier ein magisches Dreieck nachzeichnet – von Mariensäule einerseits, dem Drachen aus Bronze auf der einen Seite des neuen Rathauses, und der Figur des hl. Georg als Drachentöter auf der gegenüberliegenden Seite des neuen Rathauses. Spannend ist es in der Tat, sich mit dem weitreichenden Mythos des Drachen oder Lindwurms, wie er auch im Mittelalter genannt wurde, auseinander zu setzen. Ebenso mit der Legende des hl. Georg, der viele Regionen in ihrer Vorstellungswelt beschäftigte und eine Flut von Darstellungen in der christlichen Bilderwelt und Kunstgeschichte auslöste. Nur was hat es mit den behaupteten „Bezugssystemen" innerhalb dieses „Dreiecks" und der viel beschriebenen „Energie" zwischen diesen drei Punkten auf sich? Und wo ist da „Magie" im Spiel?

Tatsache ist, dass dieses „Wurmeck" in den historischen Quellen erstmals 1431 erwähnt wird. Der heutige Drache aus Bronze, den wir die Hauswand am Eck „hochkriechen" sehen, ist Teil der Architektur des Neuen Rathauses. Dies bedeutet, dass er wie dieses Gebäude auch erst in der zweiten Hälfte des 19. Jahrhunderts entstanden ist und dort angebracht wurde. Das trifft ebenfalls für die Figur des hl. Georg am gegenüberliegenden Eck des Neuen Rathauses zu. Diese auseinander liegenden Zeitebenen – von der Aufstellung der Mariensäule in den Dreißiger Jahren des 17. Jahrhunderts einerseits und der Zeitebene des historisierenden 19. Jahrhunderts andererseits – wirken etwas relativierend, wenn es um so behauptete „energetische Gesetze und Dreiecke" geht.

Allerdings lohnt es sich, etwas länger in der Betrachtung vor dem Rathaus und dem Wurmeck zu verweilen: Am „Wurmeck" stand bereits 1310/12 ein Haus, das als „Schönnecgaeris Eckehaus" (Schöneckers Eckhaus) erwähnt ist. Dieses Haus wird auch weiter im Kontext mit der Familie Schönecker genannt. Allerdings gibt es zu jener Zeit noch keine Überlieferung oder gar einen Hinweis auf einen Drachen an dieser Stelle. Dann entdeckte ich im Münchner Stadtmuseum auf einem Gemälde des 17. Jahrhunderts (datiert mit 1634) eine Ansicht des Marktplatzes. Zu erkennen ist darauf nicht nur der bereits erwähnte Neptunbrunnen, sondern am so genannten Wurmeck befand sich anstelle des heutigen Drachen eine malerische Darstellung an der Hauswand: Georg zu Pferd, den Drachen

Münchner „Wurmeck“: Drache am Neuen Rathaus.

Georg bekämpft den Drachen. Bildnis des Wurmecks von 1634, Detail. Stadtmuseum München.

tötend. Diese Darstellung vom Drachen im Gemälde entstand vor der Aufstellung der Mariensäule und gibt daher ein klares Zeugnis davon, dass der „Drache und sein Drachentöter" bereits zu jener Zeit am Marktplatz thematisiert waren.

Der Drache findet sich in Schöpfungsmythen beinahe aller Kulturen. Im Alten Orient sind es die Götter selbst, die mit dem Drachen, meist einem geflügelten Mischwesen, kämpfen. In der griechischen Antike findet sich in der Mythologie der Drache ebenso als von einem Helden zu besiegendes Untier, wie in den biblischen Texten der jüdischen Tradition, oder dann im Neuen Testament des Christentums, wo sich die eindrücklichste Schilderung von dem durch den Erzengel Michael niedergeschlagenen Weltendrachen in der Apokalypse des Evangelisten Johannes findet. Während im Christentum der Drache ausschließlich mit dem „Bösen" identifiziert wurde, kennt die chinesische Tradition hier andere Wertungen. Im Alten China (die älteste Darstellung eines Drachen wird auf ca. 5000 v. Chr. datiert) ist der Drache positiv belegt. Er ist Zeichen und das Tier des Kaisers und symbolisiert die Kraft, die so auf den Träger übertragen werden sollte. Der Drache umfasst als Mischtier alle vier Elemente – Feuer, Wasser, Erde und Luft – und symbolisierte damit eine Art schöpferischer Urenergie, die gebündelt und gelenkt, machtvoll eingesetzt werden konnte. In Hunderten von Jahren alten Tuschzeichnungen alter Meister und deren schriftlichen Überlieferungen sprach man von den Wasser- und Bergdrachen, d.h. die Landschaft selbst wird als fließendes Energiesystem aufgefasst und den ihr innewohnenden Dynamiken.

Wenden wir uns wieder dem Marienplatz zu. Der Auftrag für das Neue Rathaus erging 1866 an den Architekten Hauberisser, der einen Entwurf im neugotischen Stil vorgelegt hatte. Im Zweiten Weltkrieg wurde das Rathaus stark beschädigt, was man in die Betrachtungen von heute einbeziehen sollte. Nichtsdestotrotz haben sich ein paar Grundmotive am zentralen „Marckt" Münchens über Jahrhunderte erhalten. Und diese sind scheinbar auch Thema der Stadt selbst und ihrer „anima". Es geht zentral mit dem Motiv des Drachen und dem Motiv der Abwehr des Drachen, um Schutz und das Bannen dessen, was der „communitas", also der

Gemeinschaft, Schaden und Leid zufügen könnte. Für den Schutz und Bann wurden nicht nur die göttlichen Kräfte herbeigerufen, wie es von Maximilian I. hinterlegt ist, sondern dieser Schutz wurde formal manifestiert: ob durch die Mariensäule oder andere bildnerische Darstellungen. Der gesamte Platz ist damit eingewoben in einen Zusammenhang und ein inneres Bezugssystem von Drachen – dem Symbol für das Böse, chaotisch Bedrohliche, für allen Unbill – und der Abwehr davon, ob durch den hl. Georg, der mit seiner langen Lanze am anderen Eck des Rathauses als Drachentöter dargestellt wird, oder durch die vier bewaffneten, abwehrenden Puttis zu Füßen des Marienstandbildes, oder durch Maria selbst, der Himmelskönigin! Der Drache am Wurmeck ist Symbol für die Bedrohung durch den schwarzen Tod, die Pest, welche das ganze Mittelalter hindurch bis in die Neuzeit den Menschen plagte und viele Opfer auch in München forderte. Und in dem Fall steht der Drache nicht – wie manche Autoren glauben machen wollen – für ein Urbild weiblicher Erdkräfte! Die in der Tat spannenden Bezüge von Wurmeck, Mariensäule und hl. Georg lassen sich in Form eines Dreiecks auf dem Platz abgehen und betrachten.

Tanz der Schäffler am Neuen Rathaus.

Vermittelnde Mitte zwischen dem an die Wand projizierten Schrecken in Gestalt des „Wurms" am einen Eck und dem Drachentöter Georg auf dem anderen Eck des Rathauses sind die tanzenden Schäffler im Glockenturm. Auch am Wurmeck selbst, wo oberhalb des Drachen die dargestellten Menschen in spätgotischen Gewändern entsetzt fliehen, sind rechts davon die tanzenden Schäffler zu sehen, was für das gesamte Schauspiel etwas beruhigendes hat. Der Legende nach wurde der Tanz der Schäffler (Zunft der Fasshersteller) erstmals 1517 während der Pestepidemie aufgeführt, um so die Bevölkerung zu beruhigen und wieder auf die Straßen zu bringen. Seit 1760 wird dieser Tanz alle sieben Jahre zur Faschingszeit aufgeführt. Die überkommene Sage erzählt von einem Lindwurm, der den Münchnern aus einem Brunnen aufsteigend an dem Eck die Pest gebracht haben soll. Mutige Männer haben ihn besiegt, doch traute sich niemand auf die Straßen, bis die Schäffler mit ihren Tänzen, auf Anordnung des damaligen Fürsten, durch die Stadt zogen. Der Tanz der Schäffler, in der Münchner Tradition verwurzelt, die zu Ehren Marias aufgestellte Mariensäule und Georg der Drachentöter, alles dies sollte im damaligen Weltbild das „Böse, im Drachen verkörperte Dämonische" und allen Unbill bannen. Der vom Himmel erbetene und von der Bevölkerung so heraufbeschworene Schutz wurde auf diesem Platz verankert und wirkt bis heute.

Ein Markplatz ist ein Ort des Handels und der Begegnung. Man kann sagen, dass dies in München gelungen ist, und die Licht- wie auch Schattenseiten einer Stadt – auf mythischer Ebene gesprochen – gebündelt und integriert wurden. Dank eines zentralen Platzes und eines eigens dafür gesetzten Mittelpunktes der Mariensäule. München floriert und jährlich nehmen die Besucherströme zu. Viele Gäste fühlen sich hier nicht nur zu Zeiten des Oktoberfestes wohl, sondern können das ganze Jahr über die viel gerühmte bayerische Gastfreundschaft von Herzen im „Herzen der Stadt" genießen.

EIN SPAZIERGANG DURCH DIE ALTSTADT

Der Fischbrunnen

Es ist bereits dargelegt worden, dass sich im Mittelalter insgesamt fünf Brunnen auf dem Marienplatz befanden. Der Fischbrunnen ist ein Treffpunkt und ein beliebter Ort an der Südostecke des heutigen Rathauses. Seit 1318 als Schöpf- und Ziehbrunnen nachgewiesen, hat er seither viele Veränderungen durchlaufen. 1862 gab es eine aufwendige Neugestaltung im Kontext mit der damaligen Errichtung des Neuen Rathauses. 1944 vollständig zerstört, hat Henselmann 1954 den Brunnen – mit den drei erhaltenen Figuren der Metzgersburschen – in Form eines achtseitigen Brunnenbeckens neu errichtet. Die Mittelsäule des Brunnens ist heutzutage bekrönt von einem Kugelkarpfen von Kallenbach.

Mit dem Brunnen verknüpft sind verschiedene Bräuche: einmal der von den alljährlich zur Faschingszeit nackt in das Becken sprin-

Der Fischbrunnen am Marienplatz.

genden Metzgerburschen und zum anderen der Brauch mit dem „Säckel“ der Stadt. Dieser Säckel, ein Sack voller Münzen, wird zu Jahresbeginn von den „Stadtvätern“ in das Wasser des Brunnens geleert, damit es die Schätze der Stadt erhalte und natürlich vermehre. Dies ist ein Brauch, der auf alter Überlieferung beruht, aber letztlich auch auf magische Praktiken zurückgreift, wie sie das europäische Brauchtum kannte. Ebenso spielt im Feng Shui Wasser – als sprudelnder Brunnen in Häusern und auf Plätzen – eine besondere Rolle, da Symbol für Reichtum und Fülle. Auch in anderen Kulturen, wie z.B. der maurischen (siehe Alhambra bei Granada/Spanien) hat man sich gerne des Wassers bedient, um Wohlstand zu vermitteln.

Der Grottenhof in der Residenz

Der Weg führt weiter über die Dienerstraße, vorbei an der Oper Richtung Residenz. Die Residenz Münchens, ehemals jahrhundertelang Herrschersitz der bayerischen Kurfürsten, erstreckt sich beinahe über die gesamte Residenzstraße. Der Gebäudekomplex reicht im Norden mit dem „Festsaalbau“ bis zum Hofgarten, im Osten zum heutigen Marstallplatz und im Süden mit dem an italienische Renaissancebauten erinnernden „Königsbau“ von Ludwig I. zum Max-Josephs-Platz. Um zum Grottenhof zu gelangen, muss man – von der Residenzstraße kommend – den Kapellenhof durchschreiten und gelangt so zum Eingang des Residenzmuseums. Das Münchner Stadtschloss und ehemaliger Sitz der bayerischen Herzöge, Kurfürsten und Könige lohnt einen Besuch, da es auch ein Gang durch die Geschichte der Stadt, ihrer Machthaber und ihren unterschiedlichsten Stilepochen ist. Es ist sozusagen der Gang zur „anderen Seite der Macht“: der weltlichen Macht und deren Historie. Hier konzentrierte sie sich.

Das Museum beherbergt 130 Schauräume, die der Muße und Zeit bedürfen. Der gesamte Komplex umfasst allein zehn Höfe, wovon unser Spaziergang zum Grottenhof, einem Kleinod der Münchner Renaissance, führt. Der Grottenhof im Herzen der Residenz ist der älteste der Höfe innerhalb der Schlossanlage. Herzog Wilhelm V.

ließ zwischen 1581 und 1586 die Vierflügelanlage des manieristischen Hofes errichten. Architekt war Friedrich Sustris. Angelegt war dieser rechteckige Innenhof mit einem Brunnen im Zentrum und der Grotte am äußeren Ende ursprünglich als „geheimes Lust- und Residenzgärtlein". Als „bezaubernd" wird dieser Garten von damaligen Zeitgenossen überliefert. Überall plätscherte Wasser in kleinen Brunnen und die Grotte mit ihren wundersamen Gestalten aus Muscheln und Perlmutt und den Grotesken an den Wänden hatte ihre Wirkung auf den Betrachter. Vier kleine Brunnen waren in den verschiedenen Himmelsrichtungen des Gartens aufgestellt, den vier Elementen gewidmet. Im Zentrum befand sich der Brunnen von Hubert Gerhard mit dem griechischen Helden Perseus, der die Medusa enthauptete. Aus dem abgeschlagenen Kopf der Medusa strömt das Wasser ins Brunnenbecken.

Auch wenn die heutige Gestalt des Gartens mit der Grottenanlage nur mehr „ein Schatten" der ursprünglichen Anlage ist, so lässt sich angesichts der verblassten Wandmalereien und der stark veränderten Muscheloberflächen doch eine ursprüngliche Magie des Ganzen erahnen. Es ist ein Kleinod in München. Ursprünglich war die Grottenwand mit farbigen Muscheln, Perlmutt, roten Korallenästen, Schwämmen und Kristallen verziert. In dieser reichen Farbigkeit bildete der vergoldete Merkur an zentraler Stelle den „glanzvollen Höhepunkt". Der gestaltete Garten innerhalb der Stadt, sozusagen die in die Stadt genommene „Natur", ist hier das Thema, sowie der Brunnen im Zentrum des Gartens und natürlich die Grotte. Die Anlage von solchen Gärten steht in einer weitreichenden Tradition der Baukunst und findet hier in einem manieristisch angelegten Renaissancegarten seinen Ausdruck.

Die Grotte selbst beherbergt auch heute noch die wundersamsten farbigen Gestalten aus Muscheln und Steinen, über Becken befinden sich weibliche Wassernymphen mit Brüsten und Fischflossen in den Brunnennischen. Sie umfassen rote Becken mit Wasser und über allem thront die feuervergoldete Bronzefigur des Merkur (nach einem Vorbild des Giovanni da Bologna). Dargestellt

Nymphe mit Wasserbecken im Grottenhof der Residenz.

Gesicht aus Muscheln im Grottenhof.

ist der fliegende Götterbote, der vermittelt zwischen den Szenen in den Wandbildern der Grottenhalle mit den Darstellungen der olympischen Welt und dem Gartenhof, in welchem der Herzog mit seinen Gästen „lustwandelte." Wasser floss dort in die vielen Becken und sollte die Besucher erfrischen und durch die ganze kuriose Welt von Naturwesen und Göttern, Göttinnen in Erstaunen versetzen. Die vielen dargestellten Naturwesen sind ebenso, wie die Figuren von Perseus und Medusa über dem zentralen Brunnen, der antiken Mythologie entnommen und bezeugen den damaligen Bildungsstand des Herzogs. Wilhelm V. war Zeitgenosse der Renaissance, und mit dem damals humanistischen Wissen ging man offensiv um und ließ gestalten. Humanismus und das damit verbundene Wissen waren Teil der Selbstrepräsentanz damaliger Fürsten. Göttinnen und Götter aus der antiken Mythologie wurden zum Sinnbild, zur Allegorie, und waren damit ebenso Teil des herrschenden Weltbildes, wie die Inhalte christlicher Gottesvorstellung.

Ausführlich war ja bereits von der Bedeutung Marias als Himmelsgöttin und Schutzpatronin die Rede. Das widersprach sich damals nicht, und weltliche Herrscher legitimierten sich ebenso durch das christliche Weltbild und den Glauben, als auch durch die Identifikation mit den Helden antiker Welt. Daher verwundert kaum die Darstellung des Helden Perseus am zentralen Brunnen des Grottenhofs, welcher das Ungeheuer, die Medusa, überwand und tötete. Aus ihrem Hals tropft ihr im Mythos verflossenes Blut, verwandelt in Wasser in die Brunnenschale. Die Historie berichtet, dass sich die Göttin Athena, Stadtgöttin der Athener, das abgeschlagene Medusenhaupt auf ihr Schild zum Schutze setzte. Zum Schutze auch der Stadt Athen. So findet sich im Garten der Residenz eine weitere Allegorie auf den Topos, der die Überwindung von Feinden durch einen Helden wiedergibt. Medusa galt im Mythos als Dämon, als Ungeheuer, sie war eine der Gorgonen, und ließ alles Leben, das ihr ins Gesicht blickte, versteinern. Der griechische Held Perseus wurde gesandt, das Haupt der Medusa zu holen, so heißt es, und es gelang ihm mit einer List. Wilhelm V. identifizierte sich hier als Herrscher mit dem Helden. Und wie es die weltberühmte Darstellung des „siegenden Perseus“ des Benvenuto Cellini in Florenz zeigt, wurde dieses Motiv gerne und bewusst von den damaligen Machthabern eingesetzt.

Im Münchner Grottenhof und dem ursprünglich darin angelegten „Lustgärtlein“ ging es allerdings bei aller weitreichenden Tiefgründigkeit dieses Mythos in erster Linie um einen gestalteten Garten im Sinne von Freude, Leichtigkeit und Einkehr. Der Brunnen steht als Wasserspender im Zentrum des Gartens – wie dies in allen geometrisch angelegten Gärten der Renaissance meist zu finden ist. Das sprudelnde Wasser in der Mitte ist Leben spendendes Elixir, der Garten ein Stück geordnete Landschaft. Die Grotte ein Raum der kühlenden Erfrischung und ein Kuriosum zugleich – mit allen humanistischen Anspielungen damaligen Bildungshintergrunds.

Die Anlage von Brunnen – erinnert sei hier der Ausgangspunkt unseres Spaziergangs am Fischbrunnen – war keinesfalls eine Selbstverständlichkeit in damaliger Zeit, sondern eine wahre Kulturleistung der Stadtväter und Bürger. Der erste Laufbrunnen, gespeist vom Gasteiger Quellwasser, stammte aus dem Jahr 1436. Vorher gab es in München nur Schöpf- und Ziehbrunnnen. Im Jahre 1511 entstand das erste Brunnenhaus mit Wasserturm am Isarberg, 1545 und 1620 folgten weitere und garantierten so die Wasserversorgung der Stadt. 1585 wurde, so heißt es, der Perseusbrunnen im Grottenhof aufgestellt. Der Wert und die Bedeutung von sprudelnden und fließenden Wasser – innerhalb der Stadt – in Gestalt von Brunnen führt hier zu einem weiteren besonderen Platz innerhalb der Residenz: Die Rede ist vom „Wittelsbacher Brunnen“, entworfen ebenfalls von dem Bildhauer Hubert Gerhard. Dieser zeigt die Personifikationen der vier bayerischen Hauptflüsse, Isar, Lech, Donau und Inn in Gestalt von antiken Flussgöttern und Tritonen, sowie über allem thronend das Standbild des ersten bayerischen Herzogs aus dem Hause Wittelsbach – Otto I. von Wittelsbach. Der Herrscher ist hier nicht nur Herrscher über eine Stadt und ihre Bevölkerung, sondern herrscht auch über das, was dieses Land so reich und wohlhabend macht: die vier großen Flüsse Bayerns.

Der Dianatempel im Hofgarten

Aus dem Residenzmuseum herausgetreten führt der Weg weiter entlang der Residenzstraße in Richtung Cafe Tambosi und unmittelbar davor zum Eingang in den Hofgarten. Der Münchner Hofgarten entstand ab 1613 mit den Erweiterungsbauten der Residenz unter Herzog Maximilian I. Der Dianatempel selbst bildet das Zentrum des heutigen Hofgartens, der damals ein mit „Rundtempeln, Maulbeergängen, Brunnen, Spalieren, Buchsornamenten und Obstbäumen reich ausgestatteter Renaissancegarten war". Der Pavillon wurde 1615 vom Künstler Heinrich Schön d.Ä. errichtet. Kaum, dass man den Hofgarten betreten hat, scheinen alle Wege wie magisch zu diesem „Tempelchen" in der Mitte zu führen. Er steht frei inmitten der angelegten Blumenbeete, der vielen Bänke mit lesenden und ausruhenden Menschen und den vier Brunnenbecken, aus denen in den Sommermonaten Wasser sprudelt. Der Hofgarten ist ein lauschiges Plätzchen zum Verweilen.

Hinter dem von Leo von Klenze errichteten Hofgartentor von 1816 tut sich eine „andere Welt" auf: In der warmen Jahreszeit befinden sich unter den alten Bäumen Tische und Bänke, kleine „kulinarische Opern" werden in den Gängen der Galerie abends aufgeführt, auf den Kieswegen wird Boule gespielt und im „Dianatempel" wird bei Nacht getanzt, ob Tango oder Salsa, oder es spielen ganz spontan Musiker ihre Stücke. Ein „musischer Tempel" inmitten der Stadt, ein Hauch von Stimmung und Flair. Und: Ein offener Himmel über allem. So beengt das Gefühl in der Residenz war, so frei ist hier der Atem.

Wenn es einen „Einstrahlpunkt" im Sinne der Geomantie im Bereich der Altstadt gibt, dann ist dieser über dem Dianatempel anzusiedeln. Einstrahlpunkte sind Raumphänomene, die auf eine Verbindung und Öffnung von der Erde zum Himmel verweisen. Es

Der „Dianatempel" im Hofgarten.

Die „Tellus Bavarica" über dem Tempel.

sind so genannte Atemzonen, der Erde. Es sind „lichthafte" Orte. Ein weiterer liegt über dem Monopterus im Englischen Garten.

Während am Marienplatz eine enorme Kräftebündelung zu beobachten ist, findet sich inmitten des Hofgartens Weite und Offenheit. Die Wege führen alle zentral vom Pavillon in strahlenförmigen Achsen von diesem weg, bzw. zu ihm hin, je nach dem Standpunkt des Betrachters. Der Diana-Tempel wird heutzutage bekrönt von einer Kopie der „Tellus Bavarica", einer monumentalen Bronzefigur, welche die Reichtümer Bayerns (Getreide, Wild, Wasser und Salz) verkörpert. Die von Hubert Gerhard geschaffene Figur wurde nach 1616 von Herzog Maximilian I. von einem der Residenzgärten auf den Hofgartentempel gesetzt. Das wertvolle Original steht heute geschützt im Kaisersaal der Münchner Residenz.

Kreisförmige Brunnenbecken mit sprudelndem Wasser umringen den „Tempel" in allen vier Himmelsrichtungen. Die äußeren Seiten der Anlage werden im Sommer von duftenden Rosenbeeten gesäumt. Betrachtet man einen Augenblick lang den Hofgarten – von oben – gleichsam wie auf einen Stadtplan blickend, so wird deutlich, dass der Hofgarten nach dem Marineplatz der zweitgrößte offene „Raum" innerhalb des Altstadtkerns ist. Beide Plätze liegen in unmittelbarer Nachbarschaft und werden überragt von zwei weiblichen Statuen: einerseits die Mariensäule, andererseits im Hofgarten die weibliche Bronzefigur der „Tellus Bavarica" als Verkörperung der Stadtreichtümer. Es scheint fast, als ob sich inmitten des Hofgartens mit der Darstellung der „Tellus Bavarica" über dem Pavillon das „profane" Pendant zum „sakralen" Monument des Marienplatzes findet und dieses „auf weltliche Weise" ergänzt.

Die Theatinerkirche

Aus dem Schutz des Hofgartens auftauchend zurück in Richtung Stadt gehend, öffnet sich der Blick unmittelbar auf Münchens „barockeste" Kirche – die Theatinerkirche. Die wuchtig bewegte Kirchenfassade steht in ihrer gelbockernen Farbigkeit durchaus einnehmend am heutigen Odeonsplatz. Mit der Feldherrnhalle linker Hand und dem Ausblick auf die klassizistisch gestaltete Straßenflucht bis zum Siegestor Richtung Norden, überzeugt sie an diesem Ort mit ihrer bewegten Fassade und den ungewöhnlich dynamisch gestalteten Doppeltürmen. Gerne bleiben hier Menschen stehen und wagen auch einen Gang ins Innere der Kirche.

Auf den Spuren der „weiblichen Aspekte" dieser Stadt ist dies eine weitere Station, denn die Kirche geht auf die Kurfürstin Henriette Adelheid von Savoyen zurück, die 1659 ein Gelübde ablegte und darin als Dank für die Geburt eines Erbprinzen versprach, „die schönste und wertvollste Kirche errichten zu lassen". Mit der Geburt von Max Emanuel I. 1662 realisierte sich ihr Traum und der Architekt Agostino Barelli aus Bologna erhielt den Entwurfsauftrag. Henriette Adelheid stammte aus Turin. Ihre Mutter war die Tochter des französischen Königs Heinrich IV., und sie wurde bereits mit 14 Jahren in Turin mit dem ebenfalls noch jungen bayerischen Kurprinzen Ferdinand Maria vermählt. Im Herzen war sie Italienerin und in jeder Weise mit der italienischen Kultur und Kunst ihrer Zeit verbunden. Diese Leidenschaft brachte sie nach München in die damalige Residenzstadt: „Durch sie wurde der Hof in München zu einem der glanzvollsten in Europa. Die Kurfürstin hatte aus ihrer Heimat Künstler mitgebracht. 1657 wurde das Opernhaus am Salvatorplatz eröffnet, das älteste frei stehende Theatergebäude Deutschlands. Die italienische Musik, besonders die Oper trug dazu bei, München zum kulturellen Mittelpunkt nördlich der Alpen zu machen." schreiben die Autoren Reinhard Bauer und Ernst Piper in ihrem Buch „Kleine Geschichte Münchens". Nachhaltig wirkte die Kurfürstin Adelaide von Savoyen als Muse der Künste und Initiatorin verschiedenster Bauprojekte, die das Gesicht der Stadt bis heute prägen. Erwähnt sei hier das Schloss Nymphenburg, das ebenfalls in ihrer und ihres Mannes Regentschaft während des 17. Jahrhunderts entstand.

Die Theatinerkirche befindet sich an den nördlichen Ausläufern (dem ehemaligen Schwabinger Tor) des historischen Altstadtkerns. Als katholische Stiftskirche namens „St. Kajetan" war sie Hof- und

Die Theatinerkirche vom Hofgarten aus betrachtet.

Die Kuppel in der Theatinerkirche.

Ordenskirche des Theatinerordens. 1663 wurde der Grundstein gelegt und unter Leitung von Agostino Barelli der Rohbau bis 1674 vollendet. Enrico Zuccalli übernahm in Folge die Bauarbeiten. Am 11. Juni 1675 wurde die Kirche geweiht. Allerdings war zu diesem Zeitpunkt die Fassade noch unvollendet. Erst ca. 100 Jahre später im Rokoko fand mit François Cuvillés und seinem Sohn die Außenfassade ihre endgültige Gestalt.

Ein Gang ins Innere der Kirche schirmt plötzlich all das Hin- und Herfluten der Fußgängerzone mit ihrer Geschäftigkeit ab. Beim Betreten ist es nicht nur die Kühle des hohen, alles menschliche Maß scheinbar überragenden, barocken und weiß gefassten Kirchenraumes, die einlädt. Es ist auch die Stille und der Blick zum Hochaltar und das dort befindliche Hochaltargemälde. Eine thronende Madonna mit Jesuskind, wie sie die venezianische Malerei häufig in ihrem Formenvokabular hervorbrachte. Das ursprüngliche, originale Altarblatt ist während dem Zweiten Weltkrieg 1944 zerstört worden. Der lang gestreckte, basilikale Kirchenraum mit hoher Tambourkuppel über der Vierung lädt ein in die Stille und verbreitet ein besonderes Licht. Es lohnt sich, sich unter die Kuppel zu stellen und den Blick nach oben zu richten, denn hier scheinen sich die Energien der Kirche zu bündeln.

Die weißen Säulen sind bewegt und mit stuckierten Blumengirlanden versehen. Alles ist weiß, feierlich und mündet zum Hochaltar. Das Gemälde dort ist eine Art „Sacra Conversazione", ein Bildtyp, der die Heiligen in einem gemeinsamen heiligen Raum und Kontext mit der thronenden Maria darstellt. Eine „Sacra Conversazione" (heilige Unterhaltung) ist im weitesten Sinne ein Andachtsbild. So sind die Besucher dieser Kirche unmittelbar eingeladen zu einer Andacht, einer inneren Einkehr. Diese kann sehr kurz sein, z.B. von einem Einkauf kommend, oder länger. Und auch hier ist es wieder „Maria", in Gestalt der Muttergottes, die einlädt. In einer der dunklen Seitenkapellen – kurz vor dem Ausgang – befindet sich ein Ort der Andacht: die Statue einer kleinen „schwarzen" Madonna. Hier werden viele Kerzen angezündet, meist zum Andenken an andere Menschen und für ganz persönliche Bitten. Diese Madonnenskulptur ist sehr schlicht und einfach, wie es auch die „Altöttinger Madonna" ist. So mündet all der bewegte Prunk und die Pracht dieses dem Zeitgeschmack des 17. Jahrhunderts durchaus entsprechenden, fast höfisch anmutenden Kircheninnenraumes, an dieser Stelle in die Schlichtheit und Einfachheit. Ein Ort, der von vielen geschätzt wird.

Der Frauendom zu Unserer Lieben Frau

Der Weg zum Frauendom von der Theatinerkirche kommend, führt entlang von „Schleichwegerl" durch die Theatinerstraße und dann nach rechts Richtung Salvatorkirche, an den „Fünf Höfen" vorbei, den Promenadeplatz rechts liegen lassend, blickt man auf die großen beiden Türme der Frauenkirche. Es handelt sich um einen mächtigen Backsteinbau auf Nagelfluhsockel, mit Doppelturmfassade. Die beiden Türme der Frauenkirche sind von weit zu sehen und das Wahrzeichen der Stadt. Die Adresse der Kirche lautet „Frauenplatz 1". Was für eine aussagekräftige Anschrift! Sehr eng reicht die Bebauung bis an die Frauenkirche heran und der Raum ringsherum um den Kirchenbau ist verhältnismäßig schmal. Im Westen befindet sich der Frauenplatz. Dieser wird auch im Sommer von Winden umzogen und es gibt nur selten Momente, wo es hier nicht zugig ist. Kein Ort, an dem es sich gut verweilen lässt! Der „Frauenplatz" (oder die sogenannte „Domfreiheit") ist erst im 19. Jahrhundert entstanden. Ursprünglich war hier der „Frauen Freythof", also ein Friedhof. Die heutige Frauenkirche geht auf eine wesentlich ältere Marienkirche aus dem Jahr 1271 zurück. Und seit dieser Zeit ist ein Friedhof anzunehmen, der 1789 aufgelassen und um 1800 eingeebnet wurde.

Die Domkirche von heute geht auf das 15. Jahrhundert zurück. München erlebte damals einen großen Aufbruch. Die Bürger der Stadt gewannen an Wohlstand, der Humanismus kam über die Alpen von Italien her und die Bevölkerung wuchs. Die Kaufleute und verschiedenen Zünfte wollten eine ihrem Selbstverständnis entsprechende neue Kirche. Dafür fand man einen bedeutenden

Baumeister: Jörg von Halsbach. An die Tradition des Vorgängerbaus anknüpfend, weihte man die Kirche der „Lieben Frau“, Maria. Realisiert wurde ein großer Backsteinbau, ein Material aus den Münchner Ziegelbrennereien. Die gewählte Raumform war eine dreischiffige Hallenkirche mit Netzrippengewölbe. 1468 war die Grundsteinlegung, 1494 die angebliche Weihe. Um 1525 waren die Turmhauben fertiggestellt. Es entstand eine helle Kirche im spätgotischen Stil mit viel Raum und Platz. Der Baukörper ist, wie üblich war, West-Ost gerichtet, d.h. der Eingang befindet sich im Westen und im Osten der Chor mit der Apsis. Diese klare Ausrichtung hat seit Anbeginn basilikaler Kirchenbauten im Christentum auch programmatische, d.h. inhaltliche Bedeutung. Die Besucher betreten im Westen, wo die Sonne untergeht, das heilige Innere des Kirchenraumes, wo der Blick sich auf den Osten, die aufgehende Sonne richtet – im übertragenen Sinne den auferstandenen Christus.

Betritt man den Frauendom von Westen, dort wo die Winde immer etwas garstig wehen, so gelangt man zunächst in die Vorhalle mit dem „Teufelstritt“ im Boden. Dieser Fußabdruck in einem Stein des Bodens geht auf eine Sage zurück, die mit der Entstehung der Kirche, den Widerständen, dem Architekten und dem Teufel zu tun hat. Kaum eine Stadtführung in München lässt diese Geschichte aus. Die Sage berichtet: Der Architekt Jörg von Halsbach bekam Probleme mit dem Teufel, der diesen Bau unbedingt verhindern wollte. Der Architekt wandte eine List an und versprach dem Teufel auf sein Begehr, eine Kirche ohne Fenster zu bauen. Natürlich tat er dies nicht. Als der Bau abgeschlossen war, führte dieser den Teufel zum Eingang in den westlichen Vorraum, von wo man zunächst die Fenster der Hallenkirche nicht sehen kann. Als der Teufel jedoch die Täuschung bemerkte, stampfte er mit voller Wucht und großem Ärger in den Boden. Diese „teuflische Wut“ hinterließ eine Fußspur im Stein, die heute im Eingangsbereich, manifestiert, zu sehen ist.

Die überlieferte Sage macht einen Konflikt von widerstreitenden Mächten deutlich, ebenso offenbart sie die Bedeutung des Lichts für diesen spätmittelalterlichen Kirchenraum. Auch heute

Der Fuß- und Teufelstritt in der Frauenkirche.

vermittelt diese langgestreckte Halle eine Dynamik, die eher als „spannungsgeladen“ zu bezeichnen ist. Dies ist zurückzuführen auf die vielen Umbauten vergangener Jahrhunderte (besonders des 19. Jahrhunderts) und auch den zum Teil inhomogen anmutenden Restaurierungen im Kircheninneren, die im 20. Jahrhundert vorgenommen wurden.

Der Liebfrauendom ist eine einschiffige Hallenkirche, die entsprechend dem Zeitgeschmack der Spätgotik weit in die Höhe reicht und gleichzeitig sehr schmal und langgezogen wirkt. Die Seitenschiffe sind kaum wahrzunehmen, und die Aufmerksamkeit zieht unmittelbar zum Chor, ja zur Apsis im Osten. Leider sind die originalen mittelalterlichen farbigen Fenster, die den Raum erleuchtet haben, bis auf die drei großen Fenster in der Hauptapsis nicht mehr erhalten. Durch die heutigen, sehr nüchternen Fenster entsteht der Eindruck einer „Bürgerhalle“ und das Mystische, das viele Kirchen aus der Spätgotik sonst vermitteln, fehlt ein wenig. Ein Blick nach oben zeigt das heute ockerfarben gefasste Netzrippengewölbe.

Jeweils im Zentrum befinden sich die dort angebrachten Schlusssteine in Gestalt von Wappen. Wappen des Patriziats, der Geistlichkeit (der Domkapitulare), der Zünfte, usw. Hier – im Bereich des „Himmels" – findet sich die Präsenz der damaligen Münchner Bürger und der damaligen Ständegesellschaft dargestellt.

Wählt man das rechte Seitenschiff als Ausgangspunkt für den Gang durch die Kirche, fällt sofort das enorme Grabmal Kaiser Ludwigs des Bayern auf. Dieses wurde 1858 mit dem damaligen Bennobogen aus dem Chor verdrängt – trotz Protest des Ex-Königs Ludwigs I. – und an die heutige Stelle in der Westseite gesetzt. Beim Durchlaufen des Seitenschiffs Richtung Chor fallen die vielen sehr unterschiedlichen Kapellen rechter Hand auf. Diese gehen in ihrer sehr wechselhaften Gestalt und Gestaltung auf die jüngste Restaurierung der 90ger Jahre des 20. Jahrhunderts zurück. „Die jüngste Restaurierung 1989-1994 rekonstruierte die Raumfassung der Erbauungszeit und führte wieder etwa 400 historische Kunstwerke in postmodernen Arrangements an ihrem ursprünglichen Bestimmungsort zusammen", schreibt Lothar Altmann in seinem Buch „Streifzüge durch Münchens Kunstgeschichte".

Beim Umlaufen des Chorumgangs entsteht, unmittelbar vor der Chorhauptkapelle (früher Altöttinger Kapelle), eine Art ruhige, Muße volle Konzentration. Hier befinden sich, wenn man den Blick nach oben richtet, die drei original überkommenen mittelalterlichen Kirchenfenster mit Darstellungen aus dem Leben Marias. Von oben nach unten sind zu sehen: die Verkündigung an Maria durch den Engel, die Geburt Christi und die Darbringung des Jesusknaben im Tempel. Der Frauendom ist Maria, der Gottesmutter, geweiht. So entfaltet sich genau an diesem Punkt im äußersten Osten des Kirchenschiffs der eigentliche geistige „innere" Sinn des ganzen so großen Raumes.

Betritt man dann die Chorhauptkapelle unterhalb den Kirchenfenstern, so ist an der linken Wand ein Gemälde des Malers Jan Polack zu sehen (um 1510). Inmitten der vielen Inhomogenitäten und „Arrangierungen" verschiedenster Zeitstile ist hier ein wohltuendes, ja wunderschönes Gemälde aus der Entstehungszeit der Kirche zu entdecken. Es gibt einen Eindruck in die Frömmigkeit der Zeit und ist förmlich ein Bild der damaligen Ästhetik. Dargestellt ist die „Schutzmantelmadonna“. Jungfrau Maria trägt einen weiten weißen Mantel mit Goldbesatz über einem tiefblauen Kleid aus Azurit, das übersät ist mit goldenen Ähren. Sie wird bekrönt mit einer goldenen Krone, die zwei Engel halten. Über dem weiß roten Mantel, der ebenfalls von zwei Engeln auf Goldgrund getragen wird, befindet sich die damalige Münchner Bevölkerung versammelt. All die Stellvertreter aus der Geistlichkeit, dem Adel, den Zünften, den Orden, Frauen wie Männer jeden Alters finden Unterschlupf und Schutz unter ihrem Himmelsmantel! Schutz bei der Himmelskönigin und Jungfrau. Das spätgotische Gemälde mit seiner original überkommenen klaren Farbigkeit lädt ein in eine stille, ja beschauliche Betrachtung. Dieses Bildnis einer mittelalterlichen Frau mit langem güldenem Haar und blauem Gewand, auf welchem sich – wie in der Antike bei Demeter Darstellungen – Ähren befinden, gibt einen Eindruck von der Mildtätigkeit und Empathie des Weiblichen. Eine Empathie, die im weitesten Sinne nährend ist, wie die Ähren ihres Kleides es andeuten. Das große farbige Fenster darüber, mit den bereits beschriebenen Szenen aus dem Leben Marias, schließt den Kreis dieser Betrachtung und „Innenschau“.

Schutzmantelmadonna von Jan Polack in der Frauenkirche München.

Münchens Bürger haben sich bereits über hundert Jahre vor der Errichtung der Mariensäule durch Maximilan I. mit dem Bau ihrer Kirche „Zu Unserer Lieben Frau“ in den Schutz Marias gestellt.

Setzen wir den Gang durch das Kirchenschiff fort, so führt dieser weiter um den Chor auf die linke Seite – zurück Richtung Haupteingang. Auch hier passieren wir wieder verschiedenste Kapellen mit unterschiedlichsten Innenausstattungen. Erwähnenswert ist das Arrangement der Bildwerke des Bildhauers, genannt Meister von Rabenden, mit der Figur des hl. Georg in einer der Kapellen. Der hl. Georg ist hier sehr imposant und groß als jugendlicher Ritter dargestellt, mit bronze-farbener Rüstung und einer langen Turnierlanze, die er einem verendeten Lindwurm/Drachen in sein Rückteil sticht. Hier ist allerdings den Ausführungen einiger Autoren nicht zu folgen, welche die „magische“ Bedeutung dieser Skulptur deutlich überschätzen. Es ist mit Sicherheit kein weiblich anmutender Drache gemeint, der unter Wohlgefallen sich windend, die Vernichtung durch den hl. Georg erfährt und sich in seinen Tod mit Wonne schmiegt. Georg ist siegesbewusst wiedergegeben und steht mit seinen Waffen, wie ein Jäger, stolz über seinem erlegten Gegner – einem relativ kleinen Drachen. Der Mythos vom Drachentöter, dem hl. Georg, hat so mit diesem nicht wenig imposanten Bildwerk des Meisters von Rabenden Eingang in die Frauenkirche gefunden.

Zurückkehrend zum Haupteingang im Westen lässt sich nochmals ein Blick in die Gesamtheit dieser spätmittelalterlichen Hallenkirche werfen, wo der gesamte Raumkörper mit seinem Lichteinfall nachklingen kann. Während sich in der hochbarocken Theatinerkirche die „Kräfte“ unter der Vierungskuppel bündelten, ist in der Frauenkirche die achsiale Ausrichtung und das Spannungsfeld von West und Ost maßgeblich für den Raumeindruck. Diese Achse ist gestalterisch, wie inhaltlich beherrschend. Die Chorhauptkapelle im Osten steht mit der Marienthematik in einem Spannungsfeld zum „Teufelstritt“ im Eingangsbereich, und somit zum Westen. Die Apsis mit Maria und dem geborenen Christus steht für „Erlösung“, während im Westen das „Dämonische“ seine Verortung erhielt.

Der Altstadtspaziergang ist an dieser Stelle beendet. Die Auswahl der besuchten Orte war bewusst klein gehalten, vermittelt aber in seinen Stationen wesentliche Perioden aus der jüngeren Geschichte Münchens.

DAS „BORGO DELLE NINFE" – Schloss Nymphenburg und sein Park

Das Nymphenburger Schloss mit seiner weitläufigen Parkanlage strahlt Schönheit, Ruhe und Zauber aus. Es ist ein Hain der „Nymphen", wie die originale Bezeichnung des „Borgo delle Ninfe" meint, und diente den bayerischen Königen als Sommersitz. Der Kurfürst Ferdinand Maria kaufte 1663 für 10000 Gulden die Hofmark Kemnaten. Er schenkte sie seiner Gemahlin Adelaide von Savoyen nach der Geburt ihres Sohnes und späteren Kurfürsten Max Emanuel. Dessen Geburt war somit nicht nur Anlass für den Bau der Münchner Theatinerkirche, sondern auch für den Bau von Schloss Nymphenburg. Dieser Ort sollte der Erholung dienen. So entstand eine Anlage, die an italienische und vor allem französische Vorbilder barocker Schloss- und Gartenarchitektur anknüpfte. Der bereits im Kontext der Theatinerkirche erwähnte Agostino Barelli legte auch hier die Pläne vor, die Ausführung lag allerdings beim Architekten und Künstler Zuccalli, der ab 1674 daran arbeitete.

Schloss Nymphenburg ist ein gelungenes Gesamtkunstwerk. Der weitläufige Komplex mit seiner Zufahrt, die in einem Halbrondell vor dem Schloss endet, den Gebäudearrangements, dem aufwendigen Kanalsystem, den Springbrunnen, den Wasserspielen und Kaskaden, der Gartengestaltung sowie den einzelnen Pavillons im Inneren des Parks spricht für eine erhöhte Konzentration von gestalterischen Fähigkeiten damaliger Zeit.

Häufig wird bei Führungen vergessen darauf hinzuweisen, dass das, was heute zu sehen ist, auf einen Prozess von umfassenden Planungen und Gestaltungen vieler Jahrhunderte zurückgeht. Beteiligt waren Spezialisten aus verschiedensten Fachrichtungen: Gärtner, Fontainiers, Architekten, Landschaftsplaner, Mathematiker,

Schloss Nymphenburg und Kanal, Ansicht der Fassade im Abendlicht.

Bildhauer und Maler. Das trifft bei Schloss Nymphenburg in besonderem Maße zu, da wir es mit einem groß angelegten Park und einer Schlossarchitektur zu tun haben, wo Gebäude und Landschaft subtil ineinander greifen. Die Anlage vermittelt Weite, Klarheit und Ordnung, auch ein gewisses Maß an Verspieltheit sowie immer wieder ein besonderes Licht. Die Spaziergänger können sich hier erholen und finden mit den Pavillons, Klausen, Gewächshäusern, Orangerien, Seen und kleinen Tempeln eine Form kunstvoll angelegter Abwechslung.

Es fing im 17. Jahrhundert an mit dem Mittelpavillon, einem würfelförmigen Baublock zu ursprünglich dreizehn Front- und elf Seitenachsen mit der zweiarmigen, gegenläufigen Freitreppe, sowie einem kleinen, mit Broderien und Springbrunnen angelegten Barockgarten. Diese „Maison de Plaisance", die man damals als kurfürstlichen Vergnügungsort plante, und welcher einem „Hain von Nymphen" gleichkommen sollte, wuchs dann zunehmend mit dem Gestaltungswillen der folgenden Kurfürsten. Der größte Teil der Anlage, inklusive der Bauten des Schlossrondells, entstand so im Laufe des 18. Jahrhunderts, also inmitten des Rokoko, einer sehr verfeinerten und kunstsinnigen Stilepoche. Der barocke Park stand wesentlich im Einfluss des damals in Frankreich unter Ludwig XVI. maßgeblichen Landschafts- und Gartenplaners: Le Notre und seinem Schüler Dominique Girard, der 1738 in München verstarb. Le Notre gestaltete das weltbekannte Versailles und war für Nymphenburg ein sogenannter „Innovateur". Der bis dato herrschende Stil des italienischen Renaissancegartens wurde abgelöst, und es war künftig Frankreich mit seinem absolutistisch geprägten Stilwillen tonangebend für die Gestaltungen der Schlösser und Parkanlagen in Europa. Dabei spielte das Licht eine bedeutende Rolle, sowohl in der Architektur wie in der Gartengestaltung. Die Fensteröffnungen wurden deutlich vergrößert, die Höhe der Räume ebenso. Alles, was Licht einlud und vermittelte, wurde gefeiert: Spiegelnde Oberflächen, Spiegelfronten, Lüster, die wiederum Licht spiegelten, pastellene Farbigkeit, glänzende Brokatstoffe. Alles wurde umschmeichelt von weißen Stukkaturen, die kunstvoll rankende Blüten und Pflanzen nachahmten. Die Farbe Weiß war im herrschenden Kolorit der Zeit von herausragender Bedeutung, so z.B. bei den Skulpturen. Die profane Mythologie mit ihren griechischen Göttinnen und Göttern war dominierender Bestandteil der gesamten höfischen Welt und des damaligen Weltverständnisses. Im und durch den „Olymp" der griechischen Götter feierten sich Herrscher und Fürsten selbst. Christliche Themen wurden – vornehmlich in Schlossbauten – nur mehr peripher behandelt und zurückgenommen auf private Andachtskapellen. Eine Form von kunstvoll inszeniertem Vergnügen gehörte zur Etikette der damaligen höfischen Gesellschaft. So wurden die Schlösser mit ihren weitläufigen Parkanlagen immer bedeutender. Und Schloss Nymphenburg wie auch Schloss Schleißheim legen hier Zeugnis ab von einer Epoche, die mit einem enormen Aufwand an Mitteln, Phantasie und Kunstverständnis – in der Musik, Architektur Gartengestaltung, Bildnerei, wie in allen Handwerkskünsten – großartige Gestaltungen hervorgebracht hat, und München nicht nur in dem Kunstreigen des damaligen Europa einen Platz gab, sondern von denen wir heute im 21. Jahrhundert noch nachhaltig profitieren.

„Quellnymphe und Flußgottheit" bei den Kaskaden im Schlosspark.

Das Gesicht des heutigen Nymphenburger Schlossparks geht allerdings nicht nur auf diese Zeit des Hochbarock und Rokoko zurück. Zu dem streng in einer Ost-West-Achse arrangierten und geometrisch, in Symmetrien angelegten Garten kamen 1804 die Gestaltungen Friedrich Ludwig von Sckell dazu. Dieser machte aus dem barocken Schlosspark einen Landschaftsgarten nach englischem Vorbild. Er war Hofgartenintendant unter Ludwig I. Das neue Bedürfnis nach einem zwar geformten Garten, aber einem, der einer idealisierten Landschaft gleichkommen sollte, war neu für die Zeit und ging vorrangig von England aus. Von Sckell war für München noch in einer anderen Weise bedeutend: Er schuf den „Englischen Garten" unweit der Altstadt, ein in seinen Ausmaßen und in seiner Schönheit einzigartiger städtischer Landschaftsgarten.

Betritt man den Schlosspark, weitet sich erst einmal der Blick. Über das großzügig angelegte barocke Parterre mit seinen seitlich rahmenden Baumalleen und dem zentralen Springbrunnen führt der im Mittelpunkt des Parks befindliche und diesen zentral durchfließende Wasserkanal Richtung Westen zu den Wasserkaskaden am anderen Ende des Parks. Dort findet sich der rückseitige Ausgang zu Pasing hin, von wo aus der Würmkanal seit dem 18. Jahrhundert die Wasserspiele und Kanäle mit dem entsprechenden Wasser versorgt. So merkwürdig es klingt, aber betrachtet man mit Sorgfalt den Grundriss der gesamten Schlossanlage inklusive dem heutigen Park, so wird sichtbar, dass dieser in seiner Gestalt dem Grundriss der historischen Altstadt von München ähnelt. Auch hier ist es wieder die Form eines aufgespannten Bogens oder einer Armbrust.

Die gesamte Anlage von Nymphenburg ist geprägt von einer zentralen Achse, die nicht nur zum Schloss hinführt, sondern auch vom Schloss selbst weg in Richtung Westen – zum Horizont. Diese Achse ist der Wasserkanal, vom Osten (aus der Stadt) kommend im Schlossrondell mit einer großen Fontäne endend und dann im Park nach dem Parterre wieder aufgenommen und in Richtung Würmkanal fortgeführt. Mittelpunkt und Achse der gesamten Anlage ist also das in einem zentralen Kanal geführte und in

Brücke im Schlosspark bei der Badenburg.

Springbrunnen und Kaskaden gefasste Wasser. In Gemälden und Stichen aus dem 18. Jahrhundert sind venezianische Gondeln zu sehen, die ursprünglich den Kanal beschifft haben – zum Vergnügen der damaligen Gesellschaft! Besonders erwähnenswert ist hier eine Vedute des venezianischen Malers Canaletto, welche die damalige Zeit dokumentiert und in Szene setzt. Deutlich wird, dass das Element Wasser ein ganz zentrales Gestaltungselement der Architektur und Gartenkunst des 18. Jahrhunderts ist, was bis heute – bei einem Besuch des Parks – Freude und Erholung bereiten kann.

So teilt diese Ost-West Achse den Park in eine südliche und nördliche Hälfte. Auf beiden Seiten befinden sich angelegte Seen, südlich der Badenburgsee mit der Badenburg und einem kleinen Apollo Tempel von Leo von Klenze, nördlich der See bei der Pagodenburg. Die angelegte Landschaft rund um beide Seen lädt zum Verweilen ein. Besonders entspannt und naturnah fühlt es sich im südlichen Teil an – an den Ufern des Badenburgsees. Dort stehen alte, knarzige Bäume darunter ein paar Platanen mit einem zu allen Jahreszeiten herrlichen Blick auf den kleinen Rundtempel am Ufer gegenüber. Im Winter wird hier manchmal Schlittschuhgelaufen, oder zu Musik mit den Schlittschuhen Walzer getanzt. Ein Geheimtipp also! Die Badenburg – ein Badeschlösschen und ältester „Wellnesstempel" Münchens – wurde 1718-19 nach Plänen von J.Effner für den Kurfürsten Max Emanuel gebaut. Auf dessen Rückseite öffnet sich eine große Wiese natürlich belassen mit alten Rotbuchen. Der Blick von den beiden Löwen aus, welche den rückseitigen Treppenaufgang flankiern, endet an der alten Schlossmauer, die den gesamten Park umfasst. Von der Badenburg aus lässt es sich auf einem Weg den See umrunden und in Richtung Apollotempel laufen, wo eine Rast sich lohnt. Dieser kleine Rundtempel inmitten von Buchen bietet einige Stufen, auf denen zur warmen Jahreszeit immer Menschen sitzen und lesen. Oder einfach nur in die Landschaft schauen. Manchmal treffen sich dort auch Lyrikkreise. Nach einem Entwurf von Leo von Klenze errichtet, ist dies sicherlich – nicht nur von seinem besonders schönen

Standort her – ein Juwel klassizistischer Architektur. Hat man die Gelegenheit zu den verschiedensten Jahreszeiten diesen südlichen und rückseitigen Teil des Nymphenburger Schlossparks regelmäßig zu besuchen und zu erkunden, so wird keinem der besondere Zauber entgehen, der hier Teil eines Gesamtkunstwerks geworden ist. Die Natur hat sich längst mit ihren Rhythmen und ihrer Vielfalt in Fauna und Flora dieses Parks bemächtigt. Auf wohlwollende Weise und letztlich immer mit den entsprechenden Reglements der zuständigen Verwaltung. Ob nun die Graugänse und Enten die Wege überqueren, abendliche Jogger die äußere Stadtmauer entlanglaufen, Mütter ihre Kinder spazieren führen, oder alte Menschen still auf ihren Bänken sitzen – auch dies ist neben der Isar und ihren Ufern ein besonderer und „zauberischer" Ort inmitten der Stadt München. Auch hier zahlt es sich aus, genug Zeit mitzubringen.

Vom Apollo Tempel führen die Wege weiter Richtung Westen – zu den Kaskaden. Die Kaskaden mit den diversen steinernen

Apollotempel im Nymphenburger Park.

Göttinnen und Göttergestalten aus der griechischen Mythologie bilden das Ende des Kanals, der vom Schloss her kommt, und das westliche Ende des Schlossparks. Von den Kaskaden aus gibt es daher eine wundervolle Sichtachse hin zum Schloss. Dieses spiegelt sich mit seiner Fassade im Wasser des Mittelkanals. Die Kaskaden bilden eine Art Wasserfall, von dessen erhöhten Stufen Wasser hinab in ein Becken fließt. Es ist dies der krönende Abschluss und das Finale dieser barocken Parkinszenierung. Seitlich gefasst werden die Kaskaden von Skulpturen, welche die Wassergottheiten und Wassernymphen darstellen. Vermutlich allegorische Anspielungen auf die Flüsse Isar und Donau. Im Hintergrund befinden sich auf Postamenten stehend weitere griechische Gottheiten (Mars, Thetis, Pallas Athene, Herkules, Flora).

Verlässt man diese, so führt der Weg zu einem alten Gittertor, dem rückseitigen Ausgang des Parks. Dieses Tor – mit dem seitlich vorbeiführenden Würmkanal – ist besonders und „poetisch" zugleich. Oft lehnen Fahrräder von Besuchern dagegen und Enten tummeln sich auf der Wasseroberfläche der Würm. Das einfallende Licht bei Sonnenuntergang schimmert durch die vielen Blätter von alten Bäumen und bildet auf den Rinden oft tiefe, eindrucksvolle Reliefs. So still, so „normal" diese Seite ist, so spektakulär und „königlich" ist natürlich der Eingangsbereich des Schlosses auf der Ostseite gegenüber. Doch lässt sich von hier mit aller Ruhe und Gelassenheit hinüber sehen und dieses Schloss – diesen „borgo delle ninfe"– mit seinen Spielen von Wasserkanälen, Fontainen, arrangierter und wild belassener Natur genießen. Wählt man an dieser Stelle nicht den Ausgang Richtung Pasing, so kehrt man besser zurück zu den Hauptwegen entlang des Mittelkanals, oder weicht alternativ aus – auf weiteren Erkundungspfaden – Richtung See an der Pagodenburg und zur Magdalenenklause. Von dort führt der Weg weiter durch die gestaltete Anlage der Orangerie und Palmenhäuser zurück zum Ausgangspunkt unseres Rundwegs, dem Schloss.

Das Nymphenburger Schloss und sein weitläufiger Park vermag den Besucherinnen und Besuchern sicherlich viele „magische" und beschauliche Momente zu bescheren. Es ist in jedem Fall eine

Oase inmitten der Stadt. Und: Es geht ein besonderer Zauber von diesem Gesamtkunstwerk aus.

Auch das Schloss Schleißheim sollte an dieser Stelle im Kontext zu Schloss Nymphenburg erwähnt werden, da es zeitnah zu Nymphenburg im 17./18. Jahrhundert entstand, und im Norden von München (bei Unterschleißheim) derzeit „in eine Art Dornröschenschlaf" liegt und einer Wiedererweckung harrt. Der Besuch lohnt in jedem Fall – natürlich zu jeder Jahreszeit.

DIE LANDSCHAFT UM MÜNCHEN

Die Landschaft um München steht in einer Wechselwirkung zur Stadt selbst. Es sind jedes Jahr nicht nur viele Gäste, die das Umland besuchen, sondern die Zahl der Menschen, die in diese Region ziehen möchten, steigt jährlich. Hinzu kommt, dass München eine der wenigen Großstädte ist, wo die Naturlandschaft nicht erst 100 km vor den Stadttoren außerhalb beginnt, sondern bereits Teil der unterschiedlichen Stadtteile ist. Gerade die renaturierte Isar bietet mit ihren Auen ein einzigartiges, vitales Umfeld. Hinzu kommen die vielen Grünflächen der großangelegten Park- und Schlossanlagen und nicht zu vergessen der Englische Garten mitten in der Stadt. Die Landschaft um München ist wie schon erwähnt in ihrer heutigen Ausprägung das Ergebnis der letzten Würmeiszeit. Die bayerischen Alpen mit ihren Wasserfällen, Quellen, ihrer Fauna und Flora, die eindrucksvolle Voralpenlandschaft mit ihren weichen Hügeln und saftigen Wiesen, die vielen großen und kleinen Seen, die Flüsse, Bäche und natürlich die Schotterebene mit ihren Moos- und Moorgebieten – all das macht die Landschaft um München aus. Ihr Gesicht ist sehr vielgestaltig und doch geprägt von den Kräften von Wasser und Fels und einer weitgehend fruchtbaren Erde. Bei Föhn scheinen die Berge zum Greifen nah, oft in dunklem Blau entlang des Horizonts. Die Kontur der Berggipfel, die klaren Seen im Mittelgrund mit ihren den Himmel spiegelnden Oberflächen, umringt von bewaldeten Ufern, erschaffen das prägende Bild von Oberbayern. Diese Landschaft gab es natürlich lange bevor man hier siedelte. Mit dem Menschen begann ein Umformungsprozess der Natur. Und im besten Sinne entstand so etwas wie neues „Kulturland".

Funde von frühzeitlichen Kulturen gibt es um München einige, so reichlich von den Kelten mit den Viereckschanzen. Hinzu kommen römische Funde: Römerstraßen und Landvillen. Prägend für das Umland von München waren jedoch die Bauten des Mittelalters, die Klöster und Burgen. Vielfach haben christliche Gründungen (Klöster, Kapellen, Kirchen) Bezug genommen auf ältere Kultplätze heidnischen Ursprungs. So entstanden an vielen Orten Überlagerungen, die heute noch sicht- und spürbar sind. Baum-, Stein- und Wasserkulte wurden von der Kirche mit unerbittlicher Gnadenlosigkeit verfolgt oder im Sinne des christlichen Dogma „umgestaltet" und somit „neu" definiert. Die Überlagerungen sind oft subtil, aber doch erkennbar.

So finden sich in der oberbayerischen Landschaft Kapellen auf Hügeln mit großartiger Aussicht, die ehemals vorchristliche Kultstätten waren. Alte Kulturen wie z.B. die der Kelten waren in ihrem Weltverstehen natur- und landschaftsbezogen. Es gab keine Trennung von Subjekt und Objekt in dem Sinne wie heute, d.h. die Natur war kein Objekt. Die Menschen empfanden sich als lebendigen Teil eines Lebensnetzes, das in Form von Rhythmen und Kreisläufen bestand. Dies war von großer Bedeutung für die Gemeinschaft und die Ernten. Die Sommersonnwendfeiern auf den Berggipfeln und in den Dörfern sind wichtiger Bestandteil des bayerischen Sommers, sowie das Erntedankfest im Herbst und natürlich die überall im Land zelebrierte Maibaumaufstellung. Diese ist ein alter Fruchtbarkeitsbrauch zum 1. Mai, wo der Baum geschält und mit einer weiß-blauen Spirale bemalt wird, die von links unten nach rechts oben gedreht ist. Die Farben sind Symbol für den bayerischen Himmel. Besonders wichtig ist hier die aufwärts laufende Spirale zur Spitze hin. Umfasst wird das obere Ende des Baumes von einem runden Kranz. Dieser kreisrunde Kranz gehört unbe-

Das Umland von München mit Blick auf die Alpen.

Der Kirchsee im Süden Münchens bei Sachsenkam.

dingt zum senkrecht aufgerichteten Maibaum, was inzwischen in so manchen Gemeinden vergessen wurde. Bekrönt wird die Spitze oft verschieden je nach Ort. In Österreich finden sich hier noch die originalsten Überlieferungen, wo das oberste Stück des Maibaums ein kleines Bäumchen ist. Also die obersten Zweige des Baumwipfels nicht abgesägt wurden. Dies ist ein Symbol für den Lebensbaum, den Weltenbaum, um den dann am 1. Mai Frauen und Männer paarweise tanzen. Auch auf dem Viktualienmarkt – dem sogenannten „Bauch" der Stadt München – wird jährlich ein Maibaum aufgestellt. Bräuche sind hier in Bayern Teil einer lebendigen Kultur. Und sie sind Teil der Landschaft, da wo sich nämlich der Mensch der Natur und ihren Zyklen verbunden fühlt.

Die mittelalterlichen Klöster bzw. Burgen entstanden entweder auf Anhöhen oder auf Inseln. Beispiele für Klostergründungen finden wir auf der Insel Frauenwörth im Chiemsee, auf der Roseninsel im Starnberger See, sowie auf den Inseln Wörth im Wörthsee, bzw. Wörth im Staffelsee. Alle diese Inseln hatten in vergangenen Jahrhunderten weitreichende Bedeutung. Die Anhöhen und Erderhebungen hingegen waren vornehmlich Orte für die Gründung von Burgen. So stand anstelle des heutigen Kloster Andechs ursprünglich eine Burg, ebenso auf dem Schatzberg südlich von Dießen am Ammersee, wo die Grafen von Dießen-Andechs ihre Sconenburg errichtet hatten. Auch dies ein herausragen der Ort inmitten der vom Ammersee geprägten Landschaft, der nicht nur in Beziehung zum „heiligen Berg" von Andechs steht, sondern auch als einzige Anhebung umgeben von Wäldern damals den Menschen ausreichend Sicht und damit Sicherheit bot. Als Burganlage erhalten, allerdings in einer historisierenden „Neuauflage" des 19. Jahrhunderts, befindet sich auf der Anhöhe von Pähl die Burg Pähl. Damals ebenfalls im Besitz der Grafen von Andechs, heute in Privatbesitz. Alle diese Orte sind exponiert gelegen und als besondere „Kraftorte" innerhalb der Landschaft zu bezeichnen. Sie stehen in einem lebendigen Beziehungsnetz miteinander, da auf der Grundlage all ihrer unterschiedlichen Geschichten aus alter Zeit. Das gesamte Umland von München ist als „magisch" zu bezeichnen. Überall finden sich landschaftliche Eigenheiten. Ob das der Chiemgau mit dem Chiemsee ist, das Berchtesgadener Land, das Ammergebirge mit den Ursprüngen der Ammer, das Karwendel mit seinen Naturschutzgebieten, das Blaue Land um Murnau und Kochel oder das Fünfseenland bei München.

Das Fünfseenland

Das Fünfseenland bezeichnet eine Region im Süd-Westen von München, die geprägt ist von fünf Seen: dem Starnberger See und dem Ammersee. Das sind die beiden größten Seen mit dem sie trennenden Andechser Höhenrücken, sowie den drei kleineren Seen Wörthsee, Pilsensee und Weßlinger See. Dieses Gebiet ist nicht nur ein beliebtes Urlaubs- und Ausflugsziel vor den Toren der Stadt, sondern auch uraltes Kulturland.

Der Würmsee – Ein „wahrhaft königlicher See“

Der Starnberger See, etwa 25 km südwestlich von München gelegen, ist das tiefste und wasserreichste Gewässer vor Ort. Bekannt

Starnberger See bei Ambach im Abendlicht.

ist er den meisten als der See, in dem der bayerische König Ludwig II. auf immer noch ungeklärte Weise an den Ufern von Berg den Tod fand. Er ist nicht nur deshalb ein königlicher See. Ursprünglich hieß er Würmsee oder Wirmsee, und in den ältesten Dokumenten von 818 trägt er den schönen Namen „Uuirmseo".

Bereits im späten 17. und 18. Jahrhundert war er der See der bayerischen Kurfürsten. Hier ließ Kurfürst Ferdinand Maria (ca. 1665) seiner Gattin Henriette Adelaide, die wir bereits im Kapitel über München kennen gelernt haben, das größte Ruderschiff diesseits der Alpen bauen. Das Prunkschiff, das für höfische Inszenierungen und Feiern auf dem See bestimmt war, trug den Namen „Bucentaur". Als Vorbild diente ein venezianisches Schiff gleichen Namens. Anlass zu diesem Schiffsbau war im übrigen ein weiteres Mal die Geburt des Kurfürsten Max Emanuel. Leider ist das Schiff nicht mehr erhalten, denn es wurde 1758 abgewrackt. Nur die Heckfigur und ein Modell sind im Heimatmuseum Starnberg zu besichtigen. Auch dieser Tage fahren große Dampfer in den Sommermonaten über den See, und eine Rundfahrt ist an einem der eher stillen Werktage ein Geheimtipp! Es werden die verschiedensten Uferstücke westlich und östlich angefahren, so kann man sich ein gutes Gesamtbild machen. Dieser See vermittelt durch seine Tiefe ein großes Maß an Ruhe, Unergründlichkeit, Würde und einnehmender Schönheit. Die Alpen fälteln sich am Horizont entlang und sind bei Föhn klar zu sehen. Wer die Gelegenheit hat, an den Ufern einen Spaziergang zu unternehmen, oder mit dem Rad den See zu umrunden, lernt die vielen Stimmungen dieses Gewässers kennen und vor allem auch schätzen.

Die Roseninsel als Ort der Liebe

Die Roseninsel liegt ca. 170 Meter vom Westufer des Starnberger Sees entfernt in der Feldafinger Bucht auf der Höhe des Glockenstegs. Von der Ortsmitte Feldafing kommend, führt der Weg durch den Park zum Seeufer hinunter zum dortigen Steg, von dem in den Sommermonaten eine Fähre zur Roseninsel übersetzt. Fast fühlt man sich beim Übersetzen wie in Venedig, doch der Fährmann des kleinen Schiffes trägt bayerische Tracht und einen Hut mit Gamsbart. Bei gutem Wetter sind bei der Überfahrt zur Insel die bayerischen Alpen zu sehen, und man schaukelt gemütlich über das tiefblaue Wasser der Insel entgegen. Ein Ausflug, der besonders in den Monaten Mai und Juni lohnt, der Zeit der Rosenblüte. Daher der Name der Insel.

Die Roseninsel gehört zu den ältesten menschlichen Besiedlungen der Gegend. Bei wasserarchäologischen Untersuchungen in der Nähe der Insel fand man in vier Metern Tiefe Reste einer Pfahlbausiedlung, die auf ca. 3720 v. Chr. datiert wurde. Dies ist die älteste bisher gefundene Siedlung in dieser Gegend. Weitere Funde stammen aus der Bronzezeit (ca. 1700–1000 v. Chr.). Möglicherweise diente die Insel auch als Grabstätte. Bei Bauarbeiten im 19. Jahrhundert stieß man im Boden auf menschliche Skelette, die in der Erde oder in Steinkisten bestattet waren. Ferner fand man Feuersteinwaffen, Tongefäße aus verschiedenen Epochen sowie aus römischer Zeit Münzen, Schmuckstücke und Geräte. Im 7. Jahrhundert wurde auf der Insel eine frühromanische Kirche aus

Die Roseninsel im Starnberger See.

Tuffstein mit eingezogenem Chor erbaut, von der heute allerdings nur noch die Westwand und die Fundamente erhalten sind. Man kann davon ausgehen, dass diese Kirche bereits einen hölzernen Vorgängerbau hatte. Einen Teil der Gegenstände finden sich heute im dortigen kleinen Museum. Dieses Museum ist im ehemaligen Gärtnerhaus aus dem 19. Jahrhundert beherbergt und lohnt in jedem Fall einen Besuch. Wegen der Bedeutung der Pfahlbauten wurde die Insel zum UNESCO Weltkulturerbe erklärt. Diese lassen sich allerdings nur bei Wassertiefstand im Südosten der Insel entdecken.

Heute übt die Insel besonders zur Zeit der Rosenblüte einen die Sinne umfangenden Zauber aus. Sie ist als ein „Ort der Liebe" zu bezeichnen. Ihre gesamte Gestaltung und Architektur geht auf das 19. Jahrhundert zurück. Der ebenfalls in jener Zeit angelegte Garten ist eine „Poesie in Düften" wegen seiner alten und wohlriechenden Rosenarten, sowie den vielen ehrwürdigen Bäumen ringsherum.

Rosarium auf der Roseninsel im Monat Mai.

Es waren die Bautätigkeiten des bayerischen Königs Maximilian II., der sich hier ein Sommerdomizil verwirklichen konnte. Mit Hilfe des Gartenarchitekten Peter Joseph Lennée wurde 1853 ein pompejanisch anmutendes Casino gebaut, durch das es heute regelmäßige Führungen gibt. Ferner entstand eine kleine Parkanlage mit einem im Oval angelegten Rosarium und einer weiß-blauen Glassäule in der Mitte.

Bekannt geworden ist die Roseninsel auch durch Ludwig II., der sie für sehr diskrete und private Treffen nutzte. Die Roseninsel ist ein Ort der Abgeschiedenheit, inmitten des Sees mit Blick auf die Alpen und ringsherum Wasser. Der Garten ist mit all seinen Anpflanzungen und verschiedensten Baumarten bezaubernd. Ein Ort, der die Sinne umfängt, und vor allem im Mai seine Düfte an Raum und Äther verschenkt. Im Casino werden auch Hochzeiten ausgerichtet. Schon Ludwig II. empfing hier seine kaiserliche Cousine Elisabeth, auch Sissi genannt, sowie den von ihm so verehrten Komponisten Richard Wagner. Im Jahr 1978 übernahm der Freistaat Bayern die Insel. Sie ist nun in staatlichem Besitz der Schlösser- und Seenverwaltung und steht unter Denkmalschutz.

Kraftort und Kloster Bernried

Fährt man von Feldafing weiter entlang des Westufers Richtung Süden, kommt man an Tutzing vorbei und setzt die Fahrt fort auf der Seeuferstraße Richtung Bernried. Kurz vor Bernried, das wie eine kleine Landzunge in den See ragt, befindet sich das Schloss Höhenried mit einem eindrucksvollen Park aus den Anfängen des 20. Jahrhunderts. Der Park eröffnet herrliche Ausblicke auf den See und die Alpen. Heutzutage ist das kleine Schlösschen, das ursprünglich der reichen amerikanischen Brauerei Erbin Wilhelmina Busch gehörte, nur über das Gelände der Klinik Höhenried zugänglich. Wilhelmina Busch, später Woods, ließ den ca. 60.000 qm großen Park nach ihren Plänen umgestalten, und es wurden unter anderem die Mississippi-Weiher und ein Gehege mit weißen Hirschen errichtet, die bis heute Bestand haben. Zusätzlich stiftete die Familie Busch-Woods 1950 den Nationalpark Bernried, ein ca. 80 Hektar großes Gelände, dessen Anlage nicht mehr verändert werden darf. Ab 1952 wurde dann auch der Park Höhenried zur Besichtigung freigegeben. An den Wochentagen öffnet das kleine Schloss seine Tore für auswärtige Besucher, und es ist möglich, dort bei Kaffee und Kuchen diesen zauberhaften Platz am See mit den vielen alten Bäumen zu genießen. Ein Geheimtipp und ein „landschaftlicher Traum" zugleich!

Die Reise führt weiter nach Bernried, eine weitgehend dörflich gebliebene Gemeinde direkt am See. Nach der Roseninsel gehört dieser Ort wohl zu den Ältesten am „Würmsee". Besiedlungsbelege gibt es bereits seit dem 8. Jahrhundert. Einer der ursprünglichen Ortsnamen war „Bärnried". Die ersten Nachweise einer Klostergründung weisen auf das Jahr 1120 hin, wo das Augustiner Chorherrenstift gegründet wurde. In diese Epoche fällt auch die Gründung Münchens sowie von Burgen und Klöster im Umland: Andechs, Dießen und Kloster Schäftlarn. Das 12. Jahrhundert ist auch die Zeit der Kreuzzüge, zudem der stetig schwelenden Konflikte von weltlicher und geistlicher Macht, was sich wie schon

Landschaft und Turm bei Kloster Bernried.

erläutert wurde auch in der Gründungsgeschichte Münchens spiegelt. Nach den Zerstörungen im Dreißigjährigen Krieg fand Mitte des 17. Jahrhunderts eine umfassende Restaurierung des Klosters und der St. Martinskirche statt – durch das uns inzwischen gut bekannte bayerische Kurfürstenpaar Ferdinand Maria und Henriette Adelaide. 1803 wurde im Laufe der Säkularisation das Kloster Bernried aufgelöst. 1852 folgte eine Umgestaltung des Klosters in ein Schloss, und Hofgartendirektor Effner gestaltete den Park. Dieser beschauliche und etwas verborgene Ort ist heute zugänglich. Das Kloster selbst gehört inzwischen dem Orden der Benediktinerinnen und hat seine Tore geöffnet für Kurse und Erwachsenenbildung, sowie ab und zu für Konzerte im Klostergarten.

Das Besondere von Bernried ist, dass es mit anderen Orten am Starnberger See auf einer bedeutenden „Drachenlinie" liegt. Diese weitreichende Energielinie läuft von einem auf ca. 2000 m hoch gelegenen Drachensee inmitten des Gebirges der Mieminger Kette über die Zugspitze, dem höchsten Berg Deutschlands, über Kloster Ettal, dem Ettaler Mandl und das Murnauer Moos, über die Insel Wörth im Staffelsee direkt nach Bernried. Dann führt sie weiter über den Starnberger See zu einem kleinen unscheinbaren Ort namens Weipertshausen (mit Kapelle auf einer Anhöhe) am gegenüberliegenden Ufer, anschließend über Kloster Schäftlarn und über das Münchner Isarhochufer und den Norden von München zum Domberg nach Freising und weiter durch Deutschland Richtung Berlin. Eine mehr als kraftvolle Süd-Nord-Achse!

Wenn man um die historische Bedeutung und Wechselwirkung all dieser historischen Plätze und Stätten weiß, ihre kulturelle Ausstrahlung über Jahrtausende, und deren landschaftliche Wirkung bewusst erlebt, sind diese Zusammenhänge ganz erstaunlich. Als ich zwei Sommer lang die „Drachenkräfte" in Murnau und am Staffelsee erforschte, ergab sich diese „Spur". Eine wichtige Spur in dieser weiten Landschaft.

Im chinesischen Feng Shui ist von den „Bergdrachen und den Wasserdrachen" als dynamischen Landschaftskräften die Rede. Diese Begriffe sind durchaus bildlich zu verstehen. Drachenkräfte in einer Landschaft werden – dem Bild eines feurigen sich schlängelnden Drachen entsprechend – als „Yang" Kräfte verstanden. Wer in den Bergen viel unterwegs ist, weiß, wovon hier die Rede ist und wovon alte chinesische Überlieferungen sprechen. Im alten China hießen sie „Kaiserliche Drachenpfade", denn der Kaiser machte sich diese Kräfte zugunsten seiner Machtausübung zunutze und niemand durfte außer dem Kaiser selbst auf solchen „Pfaden" bauen. Die Landschaft entlang einer solchen Drachenlinie vergibt sich in hohem Maße, pulst im Wechselspiel von Berg, Land und Wasser, gibt Kraft und ist extrem vitalisierend. D.h. dass auch Kulturgründungen, insbesondere sakrale Orte, extrem davon profitierten, und es ist anzunehmen, dass auch europäische Baumeister über diese Einsichten in diese „Kräfte" der Natur verfügten. Im Buch „Heilige Plätze – Magische Orte" von Brian Leigh Molyneaux werden „Drachenlinien" sehr einfach und überzeugend als „natürliche Kanäle gebündelter Erd-Energien" bezeichnet. Diese verlaufen über den gesamten Erdkörper. In der Geomantie und dem ursprünglichen Feng Shui ist dies eine geläufige Bezeichnung für in der Landschaft schlangenartig verlaufende Kraftlinien. Diese erfuhren häufig Bündelung durch bewusst auf diese Linien gesetzte heilige Orte, Kultplätze im weitesten Sinne und natürlich auch Klostergründungen.

Es ist außergewöhnlich, dass diese die bayerische Landschaft und natürlich auch München so offenkundig prägende „Drachenlinie" an dem auf ca. 2000 m hoch liegenden Drachensee beginnt. Dieser Drachensee – beinahe kreisrund – wird mit seinem tief dunkelblauen und grünen, eiskalten Wasser umringt von der Bergkette des Vorderen Drachenkopfes (2301 m), der Ehrwalder Sonnenspitze, den Tajaköpfen (2452 m), und dem Grünstein (2660 m), sowie der Grünsteinscharte (2263 m). Alles Bergmassive, die 2000 m Höhe überragen. Eine mehr als beeindruckende Landschaft! Der See markiert eine Mitte, ein tiefes dunkles Zentrum inmitten der höchsten Berge Deutschlands unweit der Zugspitze und zentriert die Kräfte. Aus der Luft betrachtet ein sagenhaftes Schauspiel.

Der sagenhafte Drachensee inmitten der Berge.

Um den Drachensee ranken viele Sagen. Bevor davon die Rede sein soll, noch einige Anmerkungen zum Bild des „Drachen“ in der Landschaft und warum Menschen sich seit Jahrtausenden bis in die Sprachwelt hinein dieses Archetyps so nachhaltig bedienen.

„Die verwendeten Symbole wie Drachen, Schlange oder Mutter Erde sind Ausdruck einer als göttlich-weiblich empfundenen Erdkraft. Sie verweisen auf historische Wurzeln: Auf matriarchale Gesellschaftsformen, in denen zyklisches Denken vorherrschte und ein mütterlicher Anfang“, schreibt der Geomant und Landschaftsarchitekt Stefan Brönnle in seinem Artikel mit dem Titel „Matriarchale Wurzeln in Feng Shui und Geomantie“. Weiter heißt es, „das Symboltier der Großen Göttin ist die Schlange oder der Drache. Beide Worte sind im griechischen Wort „drakon“ vereint, was sowohl Schlange, wie auch Drache bedeuten kann. Der Drache symbolisierte den alljährlichen Vegetationszyklus und wurde damit zum Symbol der Wiedergeburt, wie auch die Schlange, die ihre Haut wechselt. (...) Erst mit dem Wechsel zum Patriarchat wurden die Schlangen im Mythos von einem männlichen Gott getötet.“ Wir erinnern uns hier an den hl. Georg, der als Bildwerk und in Sagen allenthalben in Bayern auftaucht, sowohl auf dem Land wie in der Stadt München selbst. Ebenso sollte hier der Erzengel Michael erwähnt sein und damit die Michaelskirche, die in Zeiten der Gegenreformation in München entstand.

Zurück zum Drachensee: Es sind viele Sagen von dieser Gegend um die „Mieminger Kette" überliefert. Doch ist anzumerken, dass die meisten Sagen geprägt sind von christlichen Moralvorstellungen und einem dualen Weltverständnis, dass stets dazu tendierte, die Natur und ihre Kräfte, sowie das Weibliche zu dämonisieren. Weshalb auch außerordentlich häufig in den Sagen der Teufel vorkommt, oder Frauen, die als Hexen verunglimpft wurden und auf den Berggipfeln angeblich ihre Hexentänze aufführten. Mit solcher Dämonisierung wurden diese oft naturverbundenen und sicherlich weisen Frauen an den Rand der damaligen Gesellschaft gedrängt, wenn nicht gar auf den Feuern der Inquisition verbrannt. Es ist stets das Unnennbare, welches untergründig Angst erzeugte, so auch die Natur und ihre Kräfte selbst. So ist eine Sage vom hl. Magnus – auch bekannt als Drachentöter – überkommen, der in allerfrühesten Zeiten der Ansiedlung in diese Gegend des Drachensees gelangt sein soll. Er habe den Bewohnern das Christentum gepredigt und sie den Bergbau gelehrt, so heißt es. Auf diesem Wege sei ein Goldschacht entdeckt worden, der die Menschen plötzlich sehr reich machte, aber auch übermütig und stolz. Da wurde also nur noch dem Mammon Geld und Gold gefrönt und der Wollust und der Kleiderpracht. „Da kam eines morgens ein alter eisgrauer Mann im Bettelgewande in den Ort und bat um Aufnahme für die Nacht, wurde aber überall abgewiesen und vor die Türen gestoßen. Da wandte er sich hinweg, kam im unwirtlichen Gebirge um und sprach sterbend einen Fluch aus über das Dorf, Bewohner und Bergwerk. Da begannen Donner zu grollen und die Erde zu beben, und der Ort versank, und am anderen Morgen deckte ein ruhiger, aber dunkler See die Stätte samt allen seinen Bewohnern. Diese leben noch heute ein ruheloses Geisterleben, heißt es. Aus dem See heraus dürfen sie nicht, ein Drache bewacht sie, den man öfters hat auftauchen gesehen, und deshalb führt der See den Namen:

Drachensee. (...)“ Diese Sage findet sich überliefert in dem von Johann Nepumuk Ritter im Jahr 1861 in Wien herausgegebenen Sammlung „Deutscher Alpensagen“.

Dieser tief dunkle smaragdblauen „Drachensee“ liegt eingerollt inmitten einer um ihn kreisförmig aufragenden steilen Gebirgskette – wie erwähnt dem höchsten Gebirge Deutschlands. In einem interessanten Artikel der Zeitschrift „Hagia Chora“ macht der Autor Peter Dinter auf sehr alte Quellen aus dem Feng Shui aufmerksam, die bei solchen landschaftlichen Phänomenen von einem „Drachennest“ sprechen. So findet sich in der Übersetzung eines antiken chinesischen Textes zum Yin-Feng-Shui, dem Zhang Shu („Buch der Gräber“) folgende aufschlussreiche Textstelle über das „Drachennest“: „Dort, wo die Bergkonturen enden und die Berggestalten in die Höhe steigen und davor ein Fluss fließt mit einem Flügel dahinter, verbirgt sich der Kopf des Drachen. Während seine Schnauze und Stirn günstig sind, bringen die Hörner und Augen Verhängnis. Seine Ohren erhalten die Fürsten und Könige, aber seine Lippen können den Tod bringen oder Verletzungen (...) verursachen. Gelände, das sich windet und zu einem Zentrum formt, nennt man den Bauch des Drachen. Wenn sich der Nabel des Drachen tief hinunterschlängelt, werden die Nachkommen glücklich sein.“ Aus diesen Zeilen wird ersichtlich, wie sehr im alten China das Bild des Drachen auf die Landschaft übertragen wurde und so die Landschaft mit ihren Formen und Maßen Deutung durch den Menschen fand.

Auf den Drachensee und die von ihm ausgehende Drachenlinie in Süd-Nordrichtung ist zu sagen, dass sich hier inmitten der Gebirge die Kräfte enorm zu bündeln scheinen. Inmitten dieser dynamisierenden, starken Yang Energien, gebildet durch die umliegenden Bergspitzen und Bergzüge, befindet sich diese stille Mitte eines Sees, der das Yin markiert. Eine solche markierte Mitte in der Landschaft ist, wie Stefan Brönnle in seinem bereits genannten Artikel formuliert, ein „Gebärorgan“ der Großen Göttin. „Bestimmte Punkte in der Landschaft galten sozusagen als Zugangsportale zur weiblichen Urkraft der Erde und ihrer Erneuerungsfähigkeit, (...).“

In Anbetracht aller bisherigen Ausführungen zur „Drachenlinie" im Allgemeinen wie im Speziellen, sowie dem Drachensee im Besonderen, lässt sich zusammenfassend sagen, dass solche landschaftlichen Phänomene die Qualitäten und den Charakter der oberbayerischen Landschaft außerordentlich prägen bis heute – und dies im positiven Sinne. Nicht umsonst sind auf dieser von der Autorin untersuchten „Linie" Kraftplätze, alte Kultorte und einige der großen oberbayerischen Klostergründungen zu finden. Alle diese Orte befinden sich meist auf Anhöhen und haben in der Kulturgeschichte nachhaltig Ausstrahlungskraft gezeigt.

Auf „Drachenlinien" in Weipertshausen

Der Weg führt weiter von Bernried am kleinen Einweiler Seeseiten und dem Ort Seeshaupt vorbei, über Münsing auf die gegenüberliegende Uferseite nach Weipertshausen. Seeseiten, unmittelbar nach Bernried, ist ein oberbayerischer Geheimtipp für Badende, die es im Sommer ruhig haben möchten und einen kleinen, echt bayerischen Biergarten direkt mit Blick auf den See und den weiß-blauen Himmel genießen wollen. Unweit des Biergartens beginnt – wer beschaulich zu Fuß am Ufer des Sees in herrlicher Landschaft zurück nach Bernried laufen möchte – ein geschützter Naturpark, der auch das bekannte Schlösschen der Sissi, Kaiserin von Österreich, passiert. Von Seeshaupt fährt man Richtung Weipertshausen am dörflichen Ambach und Oberambach vorbei. Diese sind direkt an den Ufern des Starnberger Sees gelegen. Schloss Oberambach, inzwischen ein Hotel, liegt mit herrlichem Blick etwas oberhalb. Auch ist ein Abstecher nach Schloss Weidenkam möglich, etwas entfernter vom See. Heute ist die großzügige Schlossanlage von Weidenkam eine Demeter Gärtnerei und in Privatbesitz. Unweit davon findet sich die höchste Erhebung der Gegend mit 718 m – ein Hügel namens Sonderham.

Sonderham steht in Verbindung mit der Ilkahöhe (726 m) auf der gegenüberliegenden Seeseite, sowie mit dem Schloss Pähl, das sehr markant an den Ausläufern des südlichen Ammersees

Der „Kulthügel" von Weipertshausen am Starnberger See.

liegt, und über dem Land thront. Eigentlich ist es vielmehr der Hirschberg mit der Hirschbergalm, die nahe beim Pähler Schloss liegen, und den höchsten Punkt in der Landschaft markieren. Alle drei Erhebungen sind ausgesprochene Aussichtspunkte und bilden Bezugsspunkte.

Von Oberambach geht es über Holzhausen dann nach Münsing. Von dort sind es nur noch wenige Kilometer nach Weipertshausen, das ganz unscheinbar in der dörflichen Landschaft liegt. Am Ortsrand öffnet sich der Blick auf einen Hügel mit einem kleinen Buchenhain und einer Kapelle darauf, die dem hl. Coloman gewidmet ist. Zunächst ist das Staunen groß, denn es sind Äcker und Wiesen, die diesen einzigen Hügel inmitten von weiter Flur umgeben. Erst wenn man oben steht, versteht man, warum dies ein außerordentlicher Platz ist und nicht ohne Grund auf der schon erläuterten Drachenlinie liegt, die von den Alpen über die Zugspitze hierher führt. Der Platz vermittelt im tiefsten Sinne Ruhe und balanciert aus. Der Blick weitet sich über die gesamte Landschaft und den Starnberger See bis hin zum Horizont mit der Alpenkette.

Eine besondere Konzentration auf die Silhouette der Zugspitze tut sich auf. Ohne den kleinen Buchenwald auf der Rückseite der Kapelle hätte es ein 360 Grad Rundumblick, ein Kennzeichen für alte Kultplätze. Der Buchenhain im Hintergrund ist für den Ort von besonderer Bedeutung. Dort sammeln sich die Vitalkräfte und drei wunderschöne, sehr starke Buchen mit großem Umfang stehen im westlichen Bereich eng beieinander. Die Konzentration auf die eigene Mitte, die dieser Ort auf einmalige Art vermittelt, eingebettet in die Ausdehnung der Landschaft, schafft beste Voraussetzungen für Rituale und Kulte. Es ist durchaus möglich, dass auf diesem „Kulthügel" ehemals Sonnwendfeiern vollzogen wurden.

Schloss Berg und Ludwig II.

Unser Weg führt uns weiter an Allmannshausen vorbei über Leoni nach Berg. In Allmannshausen befindet sich ein schöner Aussichtspunkt über den See aus dem 19. Jahrhundert, dem Bismarckturm. Der Bismarckturm liegt solitär inmitten von Wiesen und Wäldchen und unmittelbar gegenüber von der Roseninsel auf einer Uferanhöhe, von der es bei gutem Wetter einen herrlichen Ausblick auf den See hat. In Leoni angekommen gibt es für Wanderfreudige einen Uferweg direkt am See entlang, der zum Teil durch stark bewaldete Uferstücke zu dem Monument von Ludwig II. führt. Hier soll der bayerische König ertrunken sein. Schon einige Zeit vor Erreichen des Monuments ist der Weg nicht nur verschattet, sondern es ist fühlbar ein kühler Ort am See inmitten von Waldstücken. Der Platz mit dem Denkmal lädt nicht wirklich zum Verweilen ein, und irgendwie ist man froh, den Spaziergang Richtung Berg fortsetzen zu können.

Berg ist für so manchen Starnberger See Liebhaber ein prominentes Plätzchen. Oft sind allerdings die Seepromenaden und Cafés an diesem Teil des Ostufers etwas überlaufen. Aber Berg ist neben Bernried und der Roseninsel einer der ältesten und ursprünglichsten Orte am gesamten See. Zwölf Hügelgräber aus der Frühzeit wurden hier von Archäologen gefunden. Urkundlich findet sich Berg bereits 822 als „perge cum basilica" also Berg mit Kirche erwähnt. Es wurde ja bereits beschrieben, dass es gerade die Inseln und die Anhöhen waren, die in der frühesten Zeit menschlicher Ansiedelung einen besonderen Stellenwert hatten. So auch in Berg. Funde legen zudem nahe, dass es germanische Siedlungen an diesem Ort gab. Im 17. Jahrhundert führte die Lage dieses Bauern- und Fischerdorfes und seiner Nähe zu München dazu, dass die Wittelsbacher sich besonders interessierten und Einfluss nahmen in die Bautätigkeit des Ortes! Und wieder ist es das kunstsinnige und für München so engagierte Kurfürstenpaar Henriette Adelhaide und Ferdinand Maria, die 1676 ein Grundstück am See erwarben und dort das Schloss von der Familie Hörwarth übernahmen. Eine Glanzzeit erlebte das in Folge umgebaute „Schloss Berg" insbesondere während des 18. Jahrhunderts unter Max Emanuel und Karl Albrecht. Es fanden hier prunkvolle höfische Feste und Jagden statt. Aber auch für Ludwig II. war das Schloss in Berg Jahrhunderte später ein Lieblingsort, Sommerresidenz und ein viel genützter Rückzugspunkt. Er wurde tragischer Weise nach seiner Entmündigung 1886 nach Schloss Berg gebracht. Von einem Spaziergang mit seinem Leibarzt kehrten die beiden nicht zurück. Die Umstände ihres Todes sind bis heute ungeklärt.

Die Würm, Leutstetten und eine Quelle

Den einzigen Abfluss des Starnberger Sees bildet die Würm. Diese fließt bei Starnberg aus dem See – dann ein kurzes Stück durch eine schöne Moor- und Mooslandschaft – an Leutstetten vorbei. Von dort eröffnet sich ein beeindruckendes Gebiet, wo die Würm stark mäandernd sich den Weg bis nach München bahnt. Ein Teil des Würm Wassers wurde bereits im 17./18. Jahrhundert in ein Kanalsystem abgezweigt, das seit jener Zeit das Nymphenburger Schloss und seine Wasserspiele mit Wasser versorgt.

Leutstetten ist, was wegen seiner Lage an den Ausläufern dieses schönen Flussmündungsgebiets nicht verwundert, ein Ort mit Geschichte. In unmittelbarer Nähe verlief eine alte Römerstraße vom römisch besiedelten Gauting kommend Richtung Alpen. Auch findet sich unweit in einem kleinen Wäldchen der Zugang zu einer Quelle, die auch heute noch von vielen Menschen aufgesucht wird. Sie liegt an einem kleinen Waldpfad am Fuß der dort höchsten Erhebung – des Schönbergs mit 661 m. Nordwestlich davon wurden noch ältere Überreste menschlicher Besiedlung gefunden: Keltische Hügelgräber und die etwas weiter davon entfernte sagenumwobene Ruine der Burg Karlsberg.

Diese Quelle im Wald ist ein besonderer Ort, doch wenig spektakulär, eher leise, wie Quellorte oft sind. Sie entspringt direkt aus dem Waldboden – leider ist ein hässliches Rohr dort zum Abfluss eingelassen worden. Das Wasser plätschert unbeschadet unterhalb von einigen Bäumen weiter den Hang hinab. An die Zweige der Bäume haben einheimische Besucher kleine Fähnchen gehängt, als Dank und Geste der Ehrerbietung. Diese Quelle ist sicherlich der schönste und geheimnisvollste Platz hier in der Landschaft, inmitten eines kühlenden Wäldchens. Quellorte haben stets etwas Reinigendes für Körper, Seele und Geist. Das kann man hier spüren, trotzdem so einige Besucher hierher kommen, um täglich Wasser zu schöpfen und die Ruhe des Ortes stets ein wenig auf die Probe gestellt wird.

Wenn von Leutstetten die Rede ist, wird stets von den Heiligen Drei Bethen berichtet. Ein entsprechendes Gemälde (auf Holztafel gemalt von 1643) mit der Darstellung von drei heiligen Frauen findet sich in der St. Alto Kirche im Ortskern. Die Darstellung der Drei Bethen findet sich ebenso in Schlehdorf in St. Tertullin, in Antdorf mit St. Peter und Paul und in Frauenrain in der Kirche Mariä Himmelfahrt. Das sind nur einige Beispiele innerhalb Oberbayerns und dem Pfaffenwinkel, wo sich dieses auf altes matrilineares Kulturgut zurückreichende Wissen bis heute überliefert hat. Diese Tradition von der weiblichen Dreieinheit, d.h. Trinität, wurde vom Christentum übernommen und ins Brauchtum integriert. So heißt es z.B. in der Mundart: „Barbara mit dem Turm, Margareth mit dem Wurm und Katharina mit dem Radl, das sind die drei heiligen Madl`n".

Die Würm fließt bei Leutstetten im Mühltal.

Quelle im Mühltal bei Leutstetten.

Hier noch einige Anmerkungen zur Historie Leutstettens: Die ersten urkundlichen Erwähnungen gehen auf die Zeit um 800 zurück. Allerdings gibt es Reste eines römischen Gutshofes, der auf die römische Besatzungszeit verweist und vermutlich ins 2. Jahrhundert v. Chr. zurück geht. Auch ist Leutstetten wesentlich älter als Starnberg, das erst 1226 erwähnt wird. Im 16. Jahrhundert ließ sich ein Kämmerer des Kurfürsten Albrecht V. ein Schloss auf einem Hügel oberhalb des Leutstettener Mooses erbauen, das heutige Schloss Leutstetten. Dieses ist immer noch Teil des familiären Besitzes der Wittelsbacher. Die öffentliche Schlossgaststätte mit gemütlichem bayerischen Biergarten ist für eine kleine Einkehr nach Wanderungen zu empfehlen. In der Nähe des Schlosses befand sich das in früheren Jahrhunderten bekannte Bad Petersbrunn, das der gesamte Hof damaliger Zeit aus München kommend zur Erholung und Gesundung nutzte. Vermutlich wurden das Heilbad mit den weiträumigen Badeanlagen und der ursprünglichen Kapelle bereits im Jahr 1513 von Herzog Wilhelm IV. erbaut. In der Überlieferung wird das Wasser dieser Quelle als besonders heilkräftig genannt und erfreute sich bis ins 19. Jahrhundert großer Beliebtheit bei den Menschen von Stadt und Land. Heutzutage findet sich hier nur mehr die Kapelle am stark befahrenen Straßenrand Richtung Starnberg. 1988 wurde die Quellfassung – zur angeblichen Bausicherung – nach außen verlegt. Den Zauber hat dieser Platz seither leider verloren.

Andechs und der Heilige Berg

Andechs liegt auf einem Höhenrücken „einem Bergsporn aus Schotter der Eiszeit“ zwischen Starnberger und Ammersee und markiert innerhalb des Fünfseenlandes einen bedeutenden Punkt. Andechs ist mit seinem „Heiligen Berg“ und dem Kloster ein alter Kultort. Ein christlicher Kultort. Seit mehr als tausend Jahren! Die Kräfte wirken hier sternförmig von innen nach außen, wie von außen nach innen. So wie die Pilgerströme seit vielen Jahrhunderten von überall her aus allen Himmelsrichtungen hierher strömen, so

strömt der Ort vom Heiligen Berg aus seine Kräfte und „Schätze“ nach außen – in die Welt. Es ist ein beständiges „Ein- und Ausatmen“ dieses Platzes, im übertragenen Sinne.
Ein wichtiger landschaftlicher Aspekt ist neben der Lage auf dem ca. 600 m gelegenen Höhenrücken, die Lage des Klosters oberhalb der beeindruckenden Kienbachschlucht. Der Kienbach ist ein ungewöhnlicher Fluss von ca. 11 km Länge. Er entspringt im Kerschlacher Forst und mündet dann bei Herrsching in den Ammersee, von wo aus viele Pilger jährlich zum Heiligen Berg hinauf laufen durch eben diese Schlucht des Kienbachs. Dieser heute klein erscheinende Wasserlauf, hat sich über Jahrhunderte eine tiefe Schlucht gegraben in die Nagelfluhfelsen aus der Eiszeit. So dass von Anbeginn dieser Platz oberhalb des „Hl. Berges“, wie er seit dem 15. Jahrhundert genannt wird, einen besonderen Schutz genoss. Dies war für die ursprünglichen Ansiedler und Gründer der Burg Andechs aus dem Geschlecht der Grafen von Andechs von großer Bedeutung. Der Schutz vom Westen her. Hinzukommt, dass der Kienbach an einigen Stellen durch seinen ungewöhnlich hohen Eisengehalt rötlich gefärbt ist. Ein „blutender Fluss“ sozusagen. Ein Naturphänomen, das nur selten vorkommt und daher eine besondere Erscheinung darstellt.

Ein weiterer Aspekt ist aus kulturhistorischer Sicht der Bezug von Leutstetten zu Andechs. Diese Achse gibt es nicht von ungefähr und führt bei genauerer Betrachtung in die Anfänge des „Hl. Berges“ zurück. Heutzutage begegnet uns das Kloster Andechs bei einem Besuch mit seiner Kirche in einem Gewand aus der Zeit des Rokoko, Mitte des 18. Jahrhunderts. Ausführende Künstler waren unter anderem Johann Baptist Zimmermann. Und natürlich kennt man Andechs wegen dem selbstgebrauten Bier, das in der eigenen Gaststätte den Besuchern den Durst löscht. Das Kloster ist heute im Besitz der Benediktiner und wurde 1455 gegründet. Es ist Ludwig I. zu verdanken, der nach der Säkularisation und damit einhergehenden Klosterauflösung 1803, im Jahre 1846 das Kloster aufkaufen ließ, als wirtschaftliche Grundlage für die von ihm 1850 gegründete Benediktinerabtei in München. Auch heute noch leitet die Abtei die Geschicke des Klosters.

Die Anfänge des Berges sind eng verknüpft mit den Grafen von Andechs, dem damals neben den Welfen bedeutendsten Geschlecht in Bayern, sowie mit einem Reliquienschatz. Legendärer Ahnherr ist der Graf von Rasso (954 gestorben), der im 10. Jahrhundert von einer Pilgerreise ins heilige Land Reliquien mit gebracht haben soll. So genannte „Herrenreliquien" wie z.B. Partikel von der Dornenkrone Christi, der Geißelrute, Schweißtuch und vom Kreuz. Dieser „Schatz" wurde seiner Zeit in einer Schatzkiste aufbewahrt, die heute noch zu besichtigen ist und eine ganz eigentümliche originale Ausstrahlung hat. Dieser „Schatz" ist die Grundlage für alle Pilgerreisen nach Andechs. Er macht den Ort – aus der Sicht christlicher Überlieferung – zu einem „heiligen Ort". Um dies nachvollziehen zu können, muss man verstehen, was Reliquien in der Zeit des frühen Mittelalters waren, welche Bedeutung sie inne hatten und bis heute letztlich geblieben sind. Dafür nahmen Menschen unfassbare Strapazen auf sich, dafür wurden Kriege geführt und viel Blut vergossen. Reliquien waren in der Lage, an einem Ort „Macht" zu konzentrieren, denn sie bildeten meist die Grundlage für Kirchen- oder Klostergründungen, ja ganze Städte. Venedig zum Beispiel rechtfertigte seine Existenz durch den Besitz bestimmter Reliquien (im Falle Venedigs sind es die Reliquien des Evangelisten Markus). Man berief mit dem Besitz von Reliquien auf die „höchste Stelle" – den/die Heiligen selbst und schaffte sich so eine Legitimation vor Gott und der Welt. Ein Stück Knochen, kleine materielle Überreste oder Textilien, deren Provenienz meist völlig entsprechender Beweise entbehrt, haben den Glauben der Menschen über Jahrhunderte, ja Jahrtausende geprägt. Mit diesen Gegenständen verbanden sie mögliche Wunder und Wundertätigkeit, da sie dem Besitz Heiliger, Märtyrer oder Christus selbst zugeschrieben wurden. Diese Art der Übertragung von Glauben auf materielle Überreste und deren Kraft findet sich auch in anderen Religionen wie z.B. dem Buddhismus wieder, oder in viel älteren Stammesgesellschaften. Es scheint sich darin eine sehr tiefe Schicht menschlicher Spiritualität zu spiegeln.

Tatsache ist nun, dass dieser Reliquienschatz aus dem heiligen Land hierher nach Bayern und Andechs mitten ins Fünfseenland

Marienfigur auf dem Heiligen Berg Andechs.

gelangte. 1080 wird der Name Andechs als „Andehse" erstmals urkundlich erwähnt. Und im Jahr 1128 verpflichtet Graf Berthold I. seine Untertanen, einmal jährlich nach Andechs zu pilgern, um die dort verwahrten Reliquien zu verehren. Er begründete so die älteste Wallfahrt in Bayern.

Betrachtet man die Geschichte der Grafen von Andechs etwas eingehender, so gelangt man zwangsläufig in eine Art „Ritterroman" voller blutiger Auseinandersetzungen, Konflikte um Macht und Besitz, die sich im 11. und 12. Jahrhundert bis zum Aussterben dieses Geschlechts Mitte des 13. Jahrhunderts abspielten. Diese Auseinandersetzungen im Weltlichen waren stets geprägt vom Spannungsfeld mit dem Geistlichen, als auch der Mystik auf der anderen Seite. Diese Zuwendung zum Mystischen brachte damals – besonders bei den Mitgliedern der weiblichen Linie des Grafengeschlechts – wie den später heilig gesprochenen Mechthild und der Elisabeth Formen selbstkasteiender Andacht und ausgeübter Mildtätigkeit hervor. Das Weibliche, der Mystik offene, blieb hier unversöhnt mit dem Mythos und der Realität des kämpfenden Ritters, der notfalls und in der Realität über Leichen ging. Eine nicht wenig tragische Epoche. Es existiert auch ein Zusammenhang mit der Burg auf dem Karlsberg in Leutstetten, die im 12. Jahrhundert in den Schriftquellen erwähnt wird und deren Überreste in Gestalt von tiefen Gräben und Wällen im Wald noch zu erkennen sind. Diese Burg war außerordentlich bedeutend für die damals aufstrebenden Wittelsbacher, was zu einem anhaltenden Konfliktherd mit den mächtigen Grafen von Andechs führte, die wiederum in Starnberg über einen befestigten Standort verfügten. Die Burg Andechs war im übrigen nur von 1132 an für ca. 100 Jahre bis 1246 Sitz der Grafen auf dem Hl. Berg, bis sie – wie auch die Burg Sconenberg auf dem Schatzberg als auch die Burg Karlsberg, „castro Karlsperch“, bei Leutstetten – endgültig den Zerstörungen anheim fiel. Der Reliquienschatz galt in jener dunklen Zeit als verschollen. Erst 1388, so wird überliefert, kam diese Kiste bei Grabungen unterhalb des Altars der Burgkapelle wieder zum Vorschein. Die Wittelsbacher waren nun in Besitz der Reliquien, die zu jener Zeit um die „Heiligen Drei Hostien“ und das Siegeskreuz Karls des Großen bereichert waren. Einige Jahrzehnte später – nach einer Epoche der Zwischenaufbewahrung in München – wurden sie 1425 wieder nach Andechs gebracht in die dort inzwischen erbaute spätgotische Hallenkirche. Die Betreuung von Kirche und Wallfahrt wurde zunächst den Augustinerchorherren von Dießen übertragen, später wurden Mönche vom Reformkloster Tegernsee nach Andechs berufen.

Will man heute mit der eher mystischen Seite des Berges in Kontakt treten, so ist ein Spaziergang entlang der äußeren Klostermauern den Berg hinab Richtung Herrsching zu empfehlen – zur Quelle der hl. Elisabeth von Thüringen (1201–1231). Die im 19. Jahrhundert spätgotisch eingefasste Quelle liegt im Wald oberhalb der beeindruckenden Kienbachschlucht. Nach allem Trubel oben lässt sich hier die Nähe zur Landschaft genießen. Das Wasser der Quelle fließt in eine kreisrunde Öffnung, die das gan-

Elisabethquelle am Hang des Andechser Berges zur Kienbachschlucht.

ze Blattwerk der Bäume darüber und den Himmel wiederspiegelt. Unterhalb hört man den Kienbach plätschern, und der Blick in die tiefe Schlucht ist ganz außergewöhnlich.

Der Schatzberg bei Dießen

Eine andere, ebenfalls heilig gesprochene Frau des Grafengeschlechts von Dießen-Andechs ist die hl. Mechthildis (1176–1243). Auch sie steht in enger Verbindung mit dem Wasser und mit einer Quelle, die im tuffsteinhaltigen Fels des Schatzberges entspringt. Die Quelle wurde ebenso im Laufe des historisierenden 19. Jahrhunderts eingefasst wie die in Andechs und ist heute über eine der hl. Mechthildis geweihten kleinen Kapelle am Wegesrand in einem Wäldchen zugänglich. Diese Kapelle findet sich entlang des am Schatzberg von der Gemeinde Dießen eingerichteten „Naturlehrpfades" und ist so leicht zu finden. Auch werden diesem Quellwasser – wie der Elisabeth-Quelle am Kloster Andechs – besondere Heilqualitäten zugesprochen. Gegen Augenleiden soll das

Wasser gute Wirkung haben, so heißt es in den Überlieferungen. Quellorte waren stets Orte der Reinigung und daher auch Heilung für die Menschen. Ob nun eigene Wundergläubigkeit die Wirkung des Wassers erhöht, oder geprüfte Werte die Qualität des Wassers bestätigen, das, was letztlich Heilung ausmacht, ist und bleibt ein Mysterium und liegt oft in der Aura des Ortes und persönlicher Resonanz verborgen. Hier an diesem Platz im Wald mit Blick auf das Moos lässt es sich inne halten. Schade ist nur, dass der Zugang zum Wasserlauf sich hinter Gittern befindet, was auf übertragener Ebene auch einen ernüchternden Blick gibt auf unseren Umgang mit der Natur und dem, was Leben heilig macht: Wasser. An dieser Quelle der Mechthildis ist inmitten dieses Wäldchens ein innerer Dialog in aller Stille möglich.

Der Schatzberg (Iringsberg) liegt an den südlichen Ausläufern des Ammersees auf dessen Westseite am äußeren Rand von Dießen. Man fährt hier am Marienmünster vorbei Richtung Süden, wo die Alpen sich am Horizont zeigen. Der Berg bildet mit dem Burgberg

Kapelle der hl. Mechthildis bei Dießen.

Quelle der hl. Mechthildis auf dem Schatzberg.

einen Doppelberg. Dieser ist mit 650 m die höchste Erhebung in dem eher flachen Mündungsgebiet der Ammer. Bis auf eine landwirtschaftlich genützte Fläche im Westen formt sich hier ein runder bewaldeter Hügel ins Land, der seinen Zauber hat. Auf der Straße zum Schatzberg – da wo keine Häuser stehen – öffnet sich die Sichtachse über den Ammersee hinweg zum Berg von Andechs! Zum Süden hin sind es die bayerischen Alpen, die diesen Ort zu einer Besonderheit machen.

Der Bezug zu Andechs ist nicht nur über die Sichtachsen gegeben, sondern liegt auf tieferen Ebenen in der Historie verankert. Hier befand sich die viel ältere Burg der Grafen von Dießen-Andechs, die Burg Sconenberg. Von dieser ehemaligen Burg, wo auch die hl. Mechthildis aufgewachsen sein soll, existieren heute nur einige vermauerte Steinreste, die an die mittelalterliche Anlage erinnern sollen – mitten im Wald in der Nähe der Burgkapelle. Die Gräben sind hier sehr tief in die Erde gegraben worden, und die Wälle ragen noch heute hoch hinauf und erinnern an das ursprüngliche Ausmaß des Bauwerks. Eine dunkle Burg geschützt durch einen tiefen Wassergraben und umlaufende Wälle – heute ein verschattetes Stück unter Bäumen. Wir hörten bereits von den vielen Machtkämpfen des Andechser Adelsgeschlechts. Auch der Schatzberg birgt wie der Heilige Berg in Andechs diese so unterschiedlichen, beinahe polarisierenden Kräfte in sich: Einmal den Quellort der Mechthildis mit der Kapelle, die als schöne und helfende Jungfrau mit langen blonden Haaren überliefert wird. Ein Ort der Ruhe und Heilung, sowie den eher schwierigeren Bereich des Burgbergs. Der Burgberg mit seiner zum Teil eher düsteren mittelalterlichen Vergangenheit. Und der Wald ist mittendrin und umhüllt diesen gesamten Platz. Im Grunde immer noch ein großer Hain und Zauberwald.

Auf dem Naturlehrpfadweg gehend, entdecken wir Tuffstein Terrassen, auch eine Besonderheit des Schatzberges. Ein weiteres Geheimnis der Natur. Auch wird von verschiedenen Sagen und Legenden von einem Schatz berichtet, der noch ungehoben hier – auf dem oder im Schatzberg – liegen soll!

„Auf dem Schatzberg bei Dießen ist eine Truhe mit wertvollem Inhalt vergraben. Sie kann nur gehoben werden, wenn einer in der Heiligen Nacht den Mut hat, auf den Gipfel zu steigen und dann, wenn unten am See die Wandlungsglocke läutet, den Spaten in den Boden stößt, ohne ein Wort zu sprechen." In der „Chronik des Marktes und der Pfarrei Dießen" des Pfarrers Josef Anton Hugo aus dem Jahre 1901 steht noch viel mehr von diesem „Schatz": Die Kiste mit purem Gold soll von den drei Schicksalsgöttinnen stammen, die einst in einem mächtigen Schloss auf dem Gipfel des Berges gewohnt hätten. Zwei derselben seien weiß gewesen, die Dritte habe eine schwarze Hautfarbe gehabt. Sie habe nur einen Wunsch gehabt: ihren beiden Schwestern gleich zu werden. Ein Hirte sollte sie von diesem Fluch befreien und einen feuerschnaubenden Hund besiegen. Doch dieser bekam es mit der Angst und floh. Aus Zorn darüber habe die schwarze Norne gewaltige Wassermassen über den Berg hereinbrechen lassen, die das Schloss unter sich begruben. Das Schloss sei versunken, aber der Schatz warte noch heute auf seine Hebung, schreibt Franz Lindenmayr in seinem Artikel zu „Mensch und Höhle".

Eine wundersame Geschichte und doch – verbringt man einen Tag am Schatzberg, erkundet die Erhebungen und tiefen Gräben, die feuchten Tuffsteinterrassen, den Wald im Inneren, die großen Buchen am Rande und den herrlichen Ausblick vom höchsten Punkt des Schatzberges auf die Alpen – würde es keinen erstaunen, gäbe es einen solchen Schatz hier nicht wirklich. Der Zauber liegt in der Luft, von den hohen Buchen regnet es im Herbst zuhauf goldbraune Blätter hinunter. Ein sanfter Wind kommt von Süden und birgt am Abend die Geheimnisse, wenn die Menschen schon lange gegangen sind.

Mechthildis ist nicht nur als heilig gesprochene Frau mit Andechs und dem Schatzberg verbunden, sondern es gibt auch eine Verbindung mit Dießen und dem Marienmünster. Sie wurde zur Erziehung mit fünf Jahren ins dortige Augustinerkloster gegeben. Später war sie Äbtissin im Kloster Edelstetten bei Krumbach. Sie wird stets als helfende und heilende Persönlichkeit überliefert.

Ihre Gebeine wurden 1488 in der Stiftskirche von Dießen beigesetzt. Als andächtige Frau, die den Mysterien der Natur wie des Glaubens aufgeschlossen war, soll sie auch eine Frau der Askese gewesen sein. So ist bis in unsere Tage ein runder Tuffstein erhalten geblieben, den sie wie überliefert wird als persönliches Kopfkissen benutzte. Ein Stück davon findet sich eingemauert im Eingangsbereich des Marienmünsters in der Nähe des Taufbeckens. Dem Stein wird wundersame und heilende Wirkung zugesprochen, die sich durch Berührung entfalten soll. Ob man diesen Wunderwirkungen Glauben schenkt, ist jedem überlassen. Beeindruckend ist, dass der Tuffstein als Gestein wesentlich zum Schatzberg gehört und nahe bei der heutigen Quelle in den dort zutage tretenden Tuffsteinterrassen zu finden ist. Ein ganz besonderer Stein, eine besondere Frau, diese hl. Mechthildis!

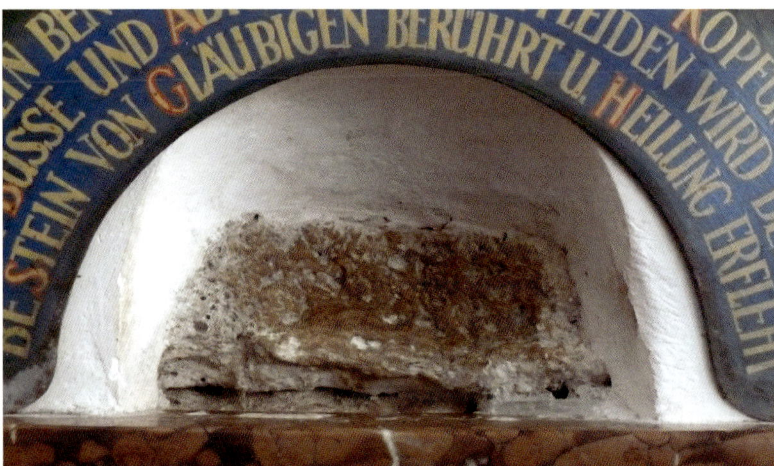

Tuffstein der hl. Mechthildis in Dießen.

Auch ein Besuch des imposanten Marienmünsters von Dießen lohnt sich, nicht nur wegen des Tuffsteins, der in der Nähe des Eingangsportals in das Innere der Kirchenwand eingelassen wurde. Diese den gesamten Ammersee überragende Kirche mit ihrem Rokoko Gewand offenbart in ihrem Inneren so einige Schätze und lädt Kunstinteressierte ein in die Betrachtung.

Das Künstlerhaus Gasteiger am Ammersee

Nun eine Reise in die Welt der Neuzeit: Eine Reise in die Anfänge des 20. Jahrhunderts, wo viele Künstler sich an den Westufern des Ammersees niederließen. Bevorzugt in Utting und Holzhausen. Eine ganz andere Art des Zaubers, der hier an diesem so schönen See entstand und den sich Menschen mit künstlerischem Sinn und eingedenk ihrer Musen gemeinsam in der Natur und vor allem mit der Natur im Umland von München schufen. Ein Ort der Kreativität, Leichtigkeit und Lebensfreude, mit einem Wort: Eine Idylle.

Das Landhaus des Künstlerehepaars Matthias und Anna Sophie Gasteiger entstand kurz nach 1900. Die beiden, er Matthias Gasteiger (1871–1934) ein in München bekannter und erfolgreicher Bildhauer damaliger Zeit, sie Anne Sophie Gasteiger (1877–1954) Malerin von farbenfrohen Blumenstilleben, bauten sich dieses Anwesen mit kleiner Jugendstilvilla und weitläufigem Park direkt an die Ufer des Ammersees – zunächst als Sommersitz. 1984 wurde das Anwesen dem Bayerischen Staat vermacht und ist seit 1994 zugänglich. Auch hier werden, wie im Casino auf der Roseninsel, auf Wunsch Hochzeiten abgehalten.

Der Zauber, den dieser verwunschene Platz in Holzhausen am Ammersee vermittelt, ist auf die weitgehend original erhaltenen Verhältnisse zurückzuführen. Das kleine Haus ist noch eingerichtet mit den Möbeln der Zeit. Die Staffeleien mit den sehr locker und beschwingt gemalten Blumenstilleben der Künstlerin stehen darauf, als ob sie gleich durch die Tür käme, und weiter malen wollte. Und erst der Garten! Viele Blumen, ein Brunnen mit Seerosen, kleine Wege mit Rosen, die fast ebenso duften wie auf der Roseninsel, uralte Eichen und Buchen, ein Birnbaum an der sonnenbeschienenen Südwand des Hauses und dann der Blick zum See und darüber hinaus zu Kloster Andechs und den Hl. Berg auf der anderen Seite. „Gott erhalts!“, sagen die Bayern da mit Recht. Hier ist ein so beschaulicher Sommersitz einer Künstlerfamilie entstanden, die mit Zurückhaltung und einem großen Sinn für die Schönheit der Natur an diesem Fleck gestal-

Künstlerhaus Gasteiger bei Holzhausen am Ammersee.

tet hat. Ein Bach fließt über das Grundstück, und nachdem man durch ein von Gasteiger selbst gestaltetes Jugendstiltor ins Innere des Parks getreten ist, gilt es erst noch eine kleine Brücke über diesen Bach zu überschreiten, um dann in das Innere des Parks und zum Haus selbst vorzudringen. Es führt ein schöner Wanderweg entlang des Sees, zum Teil direkt am Ufer, von Utting zur Villa Gasteiger. Besonders im Herbst, wenn die Äpfel und Birnen an den Bäumen hängen, die Blätter schon beginnen sich zu verfärben, die Dahlien und Astern blühen, erwartet den Besucher eine Farbenvielfalt und natürlich die Idylle dieses Ortes.

Die Häuser und Gärten in Utting und Holzhausen sind auf dezente Weise gestaltet, und man spürt eine beschauliche Ruhe. Es gibt hier die Tradition einer eher kunstsinnigen Lebensart. Bereits seit dem späten 19. Jahrhundert gab es in Holzhausen eine Künstlerkolonie, die „Scholle" genannt. Man traf sich mit befreundeten Malern und Schriftstellern in den Sommermonaten und tauschte sich aus. Die Künstlervereinigung setzte sich wesentlich aus Mitgliedern der Münchner Sezession zusammen. Der Name „Die Scholle" wurde gerne mit Heimat- und Erdverbundenheit gleichgesetzt. Um Missverständnissen zu begegnen, wurde in der „Jugend" Heft 42 von 1903 eine Erklärung abgedruckt: „Fernerhin mussten wir, wie man irrtümlicherweise meinte, als wir uns zum Zwecke gemeinsamer Ausstellung zusammen traten, eine gemeinsame künstlerische Tendenz haben, damit man uns über einen Kamm scheren konnte. Die ‚Scholle' sollte bald Heimatkunst anstreben, etwa wie Worpswede... oder sie sollte sich eines besonderen deutschen Ausdruckes befleißigen und so fort. Demgegenüber ist festzustellen: Die ‚Scholle' hat kein anderes gemeinsames Ziel, keine andere Marschroute, als dass jeder seine eigene ‚Scholle' bebaue, die freilich auf keiner Landkarte zu finden ist."

Den Künstlerinnen und Künstlern ging es um ihr besonderes Verhältnis zu ihrem Land, zur Natur und zur Landschaft, was sie als „Heimat" bezeichneten. Eine ähnliche Bewegung kreativer Menschen findet sich seit der Mitte des 19. Jahrhunderts auch bei den Mitgliedern des „Blauen Reiters". So ließen sich Gabriele Münther und Wassily Kandinsky in Murnau am Murnauer Moos nieder, oder Franz Marc in Kochel und Macke an den Ufern des Chiemsees. So entstanden an schönsten Orten des Münchner Umlandes kleine Künstlerkolonien, die sich gegenseitig inspirierten und besonders von der bayerischen Landschaft inspiriert wurden.

Zur Geschichte von Utting und Holzhausen ist folgendes zu erwähnen. Die ältesten Spuren menschlicher Besiedlung in Utting finden sich im 2. Jahrhundert v. Chr. Es gibt eine Keltenschanze außerhalb des Ortes, und während der Römerzeit führte die „Via Raetia", die von Augsburg zum Brenner reichte, hier vorbei. Auch Holzhausen wird bereits 776 urkundlich erwähnt als „Holzhusun", das damals dem Kloster Schlehdorf vermacht wurde. Einige Jahrhunderte darauf kam Holzhausen in Besitz eines gewissen Otto Fues von Bernried, später folgte das Kloster Dießen. Daran lässt sich erkennen, wie verflochten die Orte in der ganzen Region des Fünfseenlandes bereits in frühen Zeiten waren. Utting wurde im Jahre 1538 von Herzog Albrecht II. an das Kloster Andechs übergeben und bildet somit eine weitere historische Bezugsachse, die über den Ammersee zum Heiligen Berg auf die gegenüberliegende Seite führt.

Das Blaue Land rund um Murnau

Murnau liegt oberhalb des Murnauer Mooses, eines der weitläufigsten und größten, und vor allem intakten Moorgebiete in Deutschland. Hier – im Blauen Land – ist man den Bergen schon ein deutliches Stück näher. Die gesamte Ebene öffnet sich nach Süden hin mit Blick auf die Alpen, dem Karwendel im Osten, dem Ammergebirge im Westen und das Wettersteingebirge mit der Zugspitze, dem höchsten Berg, lässt sich auch erkennen. Aber stets dominant und vor allem markant ist das Ettaler Mandl. Das überragt mit seinem erhobenen Finger das Murnauer Moos und scheint eine Art „Wächter" für diese kraftvolle und energiereiche Landschaft zu sein. Hier sind die Wasser- und Bergdrachen zuhause. Mythologisch gesehen ist das ganze Gebiet um Murnau und

Murnauer Moos und Ettaler Mandl.

dem Staffelsee von den Drachenlegenden und dem Drachentöter Georg durchdrungen. Ob man hier nun das chinesische Feng Shui mit seinem alten Wissen bemüht, die europäische Geomantie oder die Landschaftsmythologie, diese Landschaft macht es allen leicht, denn sie bietet viel Stoff und ausreichend Grund für Reflexionen. Wie bereits in dem Kapitel über Weipertshausen ausgeführt wurde, verläuft hier eine starke Drachenlinie über das gesamte Land. Sie kommt u.a. vom Drachensee, der auf ca. 2000 m Höhe liegt, inmitten der Bergmassive, verläuft weiter über die Zugspitze, Kloster Ettal, das Ettaler Mandl und die Insel Wörth, die sich inmitten des Staffelsees befindet, und dann bei Kloster Bernried den Starnberger See quert, Richtung München und Freisinger Domberg. Eine beinahe unglaubliche Verknüpfung von Kraftorten mit großem Wirkkreis.

So verwundert es nicht, dass hier um Murnau die Legenden vom Drachen, oder so genannten Lindwurm, besonders tief Fuß gefasst haben! Murnau selbst trägt den Drachen in seinem Stadtwappen. So hat sich eine von Friedrich Panzer, einem Sagensammler aus dem 19. Jahrhundert, überlieferte Legende in den Gemütern der Menschen und im Geist der Gegend „eingegraben“: Es ging die Sage von einem ungemein wilden und furchtbaren Lindwurm, der alles fraß und vernichtete, ja die Menschen bedrohte in alten Zeiten. Dieser hauste auf der Insel Wörth, die im Staffelsee liegt und immer wenn er sich voll gefressen hatte, soff er vom Wasser des Sees. Alle Bewohner waren aufgerufen, diesen zu vernichten. Aber nur mit einer List eines jungen Burschen fand der Drache sein Ende. Dieser besorgte sich eine Kalbshaut, die er zusammennähte und mit Kalk füllte. Er stellte dieses ausgestopfte Kalb an den See. So kam der Drache vorbei und fraß die Attrappe. Der Kalk verursachte ihm einen enormen Durst, so soff er das Wasser des Sees und verbrannte wegen des Kalks dann von innen.

Auch in der geläufigen Sprache stoßen wir immer wieder auf den Drachen oder den „Lindwurm“, wie er im Mittelalter genannt wurde. Murnau hieß in alten Quellen „Wurmau“, der Starnberger See hieß „Würmsee“, wie wir bereits gehört haben. Die gesamte Gegend birgt, ob auf mythologischer Ebene oder der landschaftlichen, den Drachen als Symbol chthonischer Urkräfte der Erde. Dies ist spannend und faszinierend. Von der Ortschaft Murnau kommend gibt es einen im 19. Jahrhundert angelegten „Drachenstichweg“. Ein langer, mit großen kräftigen Eichen bepflanzter Pfad führt vom Rand des Ortes – hinter dem Gabriele Münther Haus – hinunter ins Moos, wo es vor dem „Ähndl“, der ältesten Wirtschaft der Gegend, einen Seitenweg gibt, den so genannten „Drachenstichweg“. Dieser biegt mit Blick auf das Ähndl rechter Hand ab. Es ist ein kleiner, von vielen Bäumen und mit schönen Durchblicken ins Moosgebiet gesäumter Pfad. Zu Beginn, bevor wir nach rechts abbiegen, befindet sich hier ein kleines „Marterl“ mit einer Darstellung des hl. Georg, dem vom Christentum überlieferten Drachentöter. Nach einer Weile des Weges plätschert plötzlich ein kleiner Bach und verläuft sich dann weiter in den Wiesen des Mooses. An dieser Stelle öffnet sich eine Art Schlucht. Im Sommer ein wunderbar schattiger Platz zum Ausruhen. Dort soll auch der Drache gehaust haben. Unmittelbar auf der anderen Seite der Schlucht befinden sich die Ufer des Staffelsees. In die aufragenden Erdwände haben sich tief und groß die Wurzeln vieler Bäume eingegraben, fasst erwecken sie den Eindruck von großen Armen und Beinen, die aus dem Erdreich nach oben quellen. Diese kleine Schlucht weckt die Phantasie! Dies ging bereits den Menschen im 19. Jahrhundert so, denn hier wurden an Wochenenden für Bürger, welche der Stadt München entflohen waren, Schauspiele aufgeführt – zu Ehren des Drachen und seiner Legende. Ein kleines Schild am Rand erinnert an den Gründer dieser „Schauspiele“. Der Mythos vom Lindwurm wurde so lebendig gehalten.

Folgt man nach eingehendem Ausruhen und um einige Inspirationen reicher dem kleinen Bachlauf Richtung Moos, so gelangt man auf einen größeren Mooswanderweg, der linker Hand zurück zum Ähndl und dem dortigen St. Georgs Kircherl führt. So schließt sich der Kreis dieses kleinen Rundweges. Das Kircherl ist dem Drachentöter Georg geweiht und liegt auf einem kleinen Hügel leicht oberhalb des weiten Mooses. Daneben findet sich ein Biergarten der Wirtschaft namens „Ähndl", wo es sich in den Sommermonaten herrlich einkehren lässt – mit Blick auf die Berge. Im Winter ist es eher eng und gemütlich in der kleinen Wirtsstube. Einige sehr alte Eichen stehen an diesem Platz und scheinen Altes zu hüten.

Auf dem Hügel unterhalb dem Kircherl lässt sich eine halbe Ewigkeit verbringen neben spielenden Kindern, oder gar zur Abendstunde vor Sonnenuntergang. Der Name „Ähndl" wird auf die „Ahnin" zurückgeführt. In der Tat findet sich hier ein Ort, der für Murnau Ahninnen Bedeutung hat im weitesten Sinne. Es ist nach der Insel Wörth inmitten des Staffelsees sicherlich einer der ältesten Plätze mit Hinweisen auf menschliche Präsenz in und um Murnau. Die Rede ist hier von frühchristlichen irischen Wandermönchen, welche der Überlieferung nach das bayerische Land durchwanderten, um die Menschen zu missionieren, bzw. zum Christentum zu bekehren. So stammt eine handgeschmiedete Eisenglocke aus dem 8. Jahrhundert, die sich in diesem kleinen Kirchlein an der Ramsach derzeit befindet, ursprünglich von diesen Wandermönchen. Diese kamen – so wird vermutet – von der westschottischen Insel Iona aus dem dortigen Kloster, das von dem hl. Columban gegründet worden war. Ein Heiliger, der uns schon von der Kapelle in Weipertshausen bekannt ist. Gut möglich ist auch, dass dieser heutzutage mit der St. Georgs Kirche christlich überkommene sakrale Ort auf einen viel älteren Kultplatz zurückweist, was in Weipersthausen mit großer Sicherheit anzunehmen ist. Allerdings harrt dies noch der Nachforschungen.

Die Insel Wörth im Staffelsee

Die frühschottische Eisenglocke führt uns zur Insel Wörth, denn dort befand sich im frühen Mittelalter ein Kloster. Die Insel wurde aber bereits in der Bronzezeit besiedelt. Sie bot wie die übrigen Inseln der Region (Roseninsel im Starnberger See, Frauenwörth im Chiemsee, Insel Wörth im Wörthsee) einen größtmöglichen Schutz in den Frühzeiten menschlicher Besiedlung. Auch die Römer hinterließen hier ihre Spuren im 4. und 5. Jahrhundert unserer Zeitrechnung. Im 8. Jahrhundert entstand auf der Insel ein karolingisches Kloster. Dieses muss bedeutend und reich gewesen sein, davon zeugt heute noch ein Inventar.

Im 11. Jahrhundert wurde es aufgelöst und eine Pfarrkirche errichtet. Um einfacher zur Kirche zu gelangen, wurde eine Brücke von Seehausen aus gebaut. Aus dem Jahr 1770 ist ein Gemälde erhalten, das diese Holzbrücke zeigt. Heute muss man allerdings in Seehausen ein Ruderboot mieten, da der große Dampfer die Insel nicht mehr anfährt – im Sommer ein kleines Abenteuer. Ab Mitte des 14. Jahrhunderts gab es eine Verbindung zum Kloster Ettal, dem die Insel mit allen Rechten und Befugnissen unterstellt wurde. Wir erinnern an die Drachenlinie, die von Kloster Ettal über die Insel Wörth führt. Mit der Säkularisation 1803 endete hier, wie an vielen Orten in Bayern, die „sakrale“ Bedeutung der Insel. Heute ist sie weitestgehend Weideland für Rinder. Das ansehnliche Schlösschen, oder vielmehr Herrenhaus, untersteht der Bayerischen Schlösserverwaltung und ist bewohnt. Auch existiert dort eine klei-

Insel Wörth im Staffelsee mit Brücke auf einem alten Gemälde, Detail.

ne Kapelle am obersten Punkt der Insel auf ca. 682 m Höhe. Tafeln informieren über die archäologischen Funde und die fast 2000-jährige Geschichte dieser Insel. Gemäß den Sagen und Legenden hauste hier der ausführlich beschriebene Murnauer Drache.

Der Staffelsee

Der Staffelsee ist ein so genannter Toteissee aus der Würmeiszeit. Mit seinem bräunlichen und weichen moorigen Wasser ist er eher flach und enthält neben der Insel Wörth noch weitere Inseln in seinem Inneren. Eine Rundfahrt mit dem Schiff an ruhigen Sonnentagen ist ein Erlebnis. Langsam über das Wasser gleitend erfährt man so die Ausmaße des gesamten Sees und hat einen guten Blick rundum auf die unterschiedlichsten Uferzonen. Im Südwesten des Sees finden sich in den Frühlingsmonaten häufig nistende Kormorane. Diese schwarzen Wasservögel sind selten und ein erstaunlicher Anblick. Fast entsteht der Eindruck eines noch intakten Naturparadieses. Auch die übrige Fauna und Flora ist hier üppig und weitgehend unberührt. Das Herz kann einem hier aufgehen inmitten eines Sees, dessen Umrisse von oben gesehen aus der Luft selbst einem Herzen ähneln!

Neben der Anlegestelle in Murnau werden auch die Orte Seehausen und Uffing angelaufen. Auch hier lohnt sich ein Anhalten und Erkunden. Die Gemeinde Uffing hat direkt an der Anlegestelle eine Wirtschaft mit einem der wohl schönsten Biergärten Oberbayerns zu bieten. Wer seinen Ausflug ins „Blaue Land“ mit einem Blick auf das herrliche Bergpanorama ausklingen lassen möchte, kann hier noch einmal die Eindrücke vom Murnauer Moos, dem Drachenstichweg und dem Besuch auf der Insel Wörth vorbeiziehen lassen – alles ganz ungewöhnlich schöne Stationen inmitten des Pfaffenwinkels. In der direkten Nachbarschaft zum Biergarten befindet sich ein kleines Seebad. Dort ragt ein langer Steg weit hinaus ins den Staffelsee. Noch ein kurzes Bad in diesem moorigen Wasser bringt nicht nur Erfrischung, sondern verbindet unmittelbar mit den Elementen dieser schönen Natur. Im Winter wird auf dem See Schlittschuhgelaufen, oder es gibt das traditionelle Eisstockschießen. Sattes Oberbayern, wie es leibt und lebt, mit seinen Traditionen, seiner Geschichte und seiner wunderbaren Landschaft!

Die Pupplinger Au bei Wolfratshausen

Diese Pupplinger Au ist ein Gebiet zwischen Wolfratshausen und Kloster Schäftlarn. Die Region ist mit den weitläufigen Isarauen ein ausgewiesenes Landschafts- und Naturschutzgebiet mit besonderen Pflanzen, vielen Nistplätzen und seltenen Reptilien. Der Zugang ist von Wolfratshausen her möglich, ebenso über Icking durch den Wald, oder von Kloster Schäftlarn herunterkommend bis zur Wirtschaft „Aumühle", wo sich Parkplätze befinden. Ein guter Ausgangspunkt für Wanderungen. Das Auto muss auf jeden Fall hierbleiben, denn die Auen sind nur zu Fuß oder mit dem Fahrrad begehbar.

Die Pupplinger Au und die Isar.

Die Loisach mündet bei Wolfratshausen in die Isar und bildet eine bezaubernde Flussauenlandschaft, unmittelbar vor den Toren Münchens! Im Sommer, ja zu jeder Jahreszeit, ist es ein ganz besonderes Erlebnis, diesem Land mit der „reißenden Isaria", ihren vielen Armen und den ständig wechselnden Kiesbänken und wilder Vegetation zu begegnen. Die Auenwälder mit ihren Kiefern, Weißerlen, Fichten und vielen Weiden sind pure Erholung. Neben der dort wilden, weil frei sich ausdehnenden und schlängelnden Isar, strömt auch der Isarwehrkanal durch die Landschaft. Allerdings wesentlich geradliniger als es die Isar tut.

Hinter einem Stauwehr bei Icking, wo Kanal und Isar sich kreuzen, surfen im Sommer junge Leute auf den sich auftürmenden Wellen des reißenden Wassers. Etwas weiter findet sich ein kleiner Weiher, Ickinger Stausee genannt. Ein Idyll mit Möwen, Graugänsen, Schwänen und anderen Vögeln – in Sommermonaten allerdings mit so manchen Badenden. Das Wasser ist samtweich und moorig. So viel Wasser, so viele Kiesbänke, kleine Inseln, große alte Baumstämme, die sich im Fluss quer gelegt haben. Jeder, der hier gerne her kommt und sicher kein Auto vermisst, weiß die Wildheit dieser einmaligen Landschaft zu schätzen. An manchen Stellen direkt hinter der Wolfratshausener Brücke bildet die Isar eine Art Canyon, wo ihre vielen Wasserarme sich derart verlieren, dass eine sehr weite Flusslandschaft entsteht, die unwegsam und wild ist und gerade daher besonders. Fast steht die Zeit beinahe still an so manchen Tagen hier, und ein Stück „Urland" tritt zutage. Die, welche von München aus oder vom Umland hierher finden, lieben die Natur und lieben diesen Fluss.

Auch ist hier altes Kulturland mit Kultplätzen aus der Keltenzeit. Am Rande des Auenwaldes zwischen den Ortschaften Puppling, Egling und dem Deininger Weiher finden sich allein fünf Keltenschanzen. Welche Dichte so alter menschlicher Ansiedlungen in einem so kleinen Gebiet! Kloster Schäftlarn und die Stadt Wolfratshausen spielten seit dem frühen Mittelalter eine große Rolle für die Region und ihre Bevölkerung. Kloster Schäftlarn geht auf das 8. Jahrhundert zurück und wurden von einem Benediktiner gegründet, heißt es. Im Jahr 1140 stand das Kloster auch im Kontext mit den brodelnden Machtkonflikten um die Gründung Münchens. Der Bischof Otto I. von Freising, Widersacher Heinrichs des Löwen, ließ seinen Einfluss und seine Befugnisse bis hierher ins Loisachtal spielen. Er übertrug den Besitz des Klosters zu jener Zeit dem Prämonstratenser Orden, die bis zur Säkularisierung 1803 hier wirkten. Erst Ludwig II. übergab den Besitz im Jahr 1866 wieder den Benediktinern. Die erste Erwähnung von Wolfratshausen geht auf das Jahr 1003 zurück, wo der Ort in einer Urkunde des Königs Heinrich II. Erwähnung findet. Auch existierte hier im 12. Jahrhundert seit 1116 eine Burg, die wie sollte es anders sein, einer Seitenlinie der Grafen von Dießen-Andechs gehörte. Der Ort wurde in den Urkunden als „Markt" bezeichnet, und ab dem 12. Jahrhundert legten Flöße von Wolfratshausen Richtung München ab.

Immer schon war Wolfratshausen bedeutend wegen seiner Lage an der Loisach, die etwas nördlich von der Stadt in die Isar mündet, und natürlich wegen seiner unmittelbaren Nähe zur Isar. Die Flöße waren gerade im Mittelalter wichtiges Transportmittel und bedeutend für den Salzhandel, wie bereits im Zusammenhang mit der Gründungsgeschichte Münchens erläutert wurde. Die Floßfahrt erreichte noch 1848 ihren Höhepunkt mit jährlich 5800 Flößen, die mit damaligen Sommerausflüglern Richtung München fuhren bis zu Maria Einsiedel. Auch heute noch gibt es diese Tradition der Flößerei in Wolfratshausen. Diese wurde dank dem Einsatz einiger weniger Flößerfamilien über die Zeiten, ja Jahrhunderte hinweg gerettet und aufrechterhalten. Die Münchner und viele Gäste der Stadt, auch viele Einheimische – jung und alt – lassen sich in den Sommermonaten von den Flößern zum reinen Vergnügen über den Fluss nach München bringen. Es gibt ein regelrechtes „Revival" dieser Tradition und ursprünglich nicht ungefährlichen „Kunst" über dieses oft wilde und reißende Wasser der Isar zu lenken. Heute fahren die Flöße von Wolfratshausen ab und bringen alle, die dieses Brauchtum und die „Gaudi" schätzen mit einer Menge Musik und Bier zurück in die Stadt nach Maria Einsiedeln. Wem eine Fahrt mit einem Floß über die Isar zurück nach München zu gefährlich scheint, der kann über kleine Straßen und alte Römerwege Richtung Straßlach und Grünwald fahren und gelangt so vom Südosten her – entlang dem beeindruckenden Isarhochufer aus Nagelfluhfelsen – zurück in die Stadt.

An dieser Stelle geht unsere Reise ins Umland von München zu Ende. Es war eine Reise auf Spurensuche ins Land der Flüsse und Seen. Und eine Reise zu magischen Orten innerhalb der Stadt selbst. München hat viele Gesichter und sicherlich konnten hier nur einige Aspekte beleuchtet und berücksichtigt werden. Was gewiss ist, wer auch immer dieser „Weltstadt mit Herz" und ihrem Umland mit offenen Sinnen begegnet, trifft auf ein vitales Land inmitten einer starken Natur und einer alten Kulturlandschaft mit einem lebendigen Brauchtum.

DAS RÄTSEL DER ERDSTÄLLE

Dieter Ahlborn

ERDSTÄLLE IN DER REGION MÜNCHEN

Erdställe sind von Menschenhand geschaffene, unterirdische Gangsysteme. Sie bestehen aus kleinen, höhlenartigen Kammern, die durch enge Gänge und Schlupflöcher auf unterschiedlichen Ebenen miteinander verbunden sind. Die Anlagen wurden in historischer Bergbauweise ohne Stützen und Abmauerungen gegraben, kein Erdstall gleicht dem anderen. Sie finden sich im Bereich alter Siedlungsplätze, unter Gehöften oder in der Nähe von alten Kirchen. Die Erdställe sind stets fundleer, sie enthalten weder Gebeine noch Grabbeigaben oder sonstige Gegenstände. Ihre Zweckbestimmung ist nur schwer erkennbar, und in keinem historischen Schrifttum werden sie erwähnt. Neu entdeckte Anlagen zeigen keinerlei Abnutzungsspuren, als seien sie seit ihrer Erbauung nicht mehr betreten worden. Wenige Datierungsversuche lassen auf ein Alter von mindestens 1000 Jahren schließen. Datierbare Funde aus Verfüllungen von Einstiegsschächten zeigen, dass die Erdställe ab dem Ende des 12. Jahrhunderts n. Chr. unbrauchbar gemacht worden sind. Die Hauptverbreitung der Erdställe reicht von Österreich über Bayern nach Frankreich und Irland.

Dunkelheit und Enge werden erst beim Besuch eines Erdstalles deutlich spürbar. Die unterirdischen Anlagen werden über waagrechte oder leicht abfallende Schlupfgänge sowie über senkrechte Schächte betreten. Die Gänge sind so niedrig, dass sich der Besucher nur gebückt oder auf allen Vieren fortbewegen kann. Äußerst rätselhaft sind Rundgänge, die wieder zum Ausgangspunkt zurückkehren. Die Kammern bieten etwas mehr Raumhöhe, und oft ist ein aufrechtes Stehen möglich. Sogenannte Schlusskammern sind in vielen Anlagen mit sitzbankähnlichen Abstufungen versehen. Eines der seltsamsten Merkmale der Erdställe sind runde oder viereckige Verengungen, die als Schlupfe oder Schlupfröhren bezeichnet werden und die Gänge und Kammern miteinander verbinden. Sie sind horizontal oder vertikal angelegt und gestatten selbst schlanken Menschen ein Durchkommen nur mit größter Mühe.

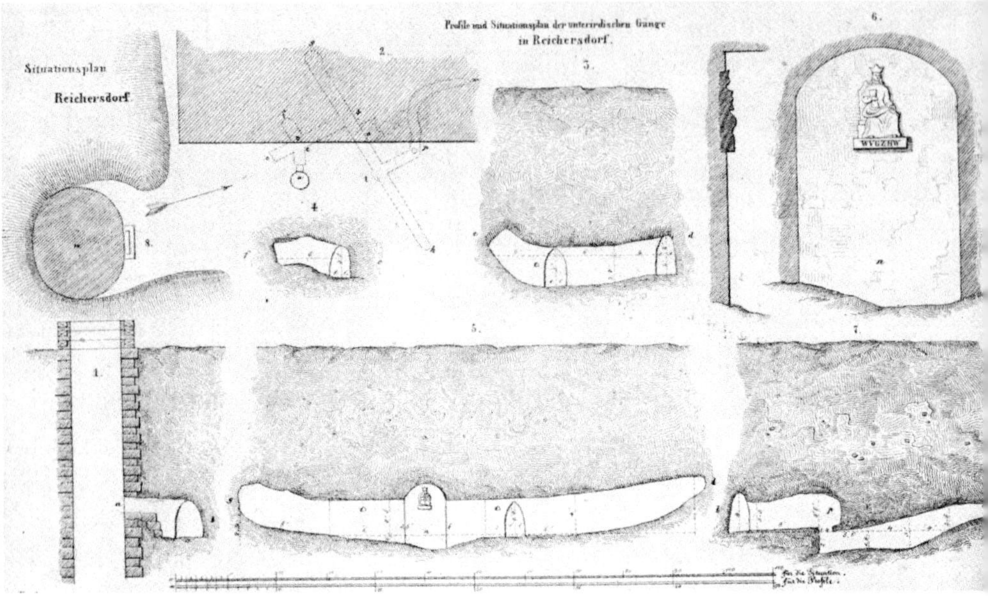

Skizze des Erdstalls in Reichersdorf, Lkr. Miesbach.

Die Schlupfe geben Anlass zu zahlreichen Spekulationen über die Bestimmung dieser eigentümlichen Bauwerke. Zum einen schließen sie, wie auch die gesamte irrationale Bauweise, eine praktische Nutzung als Wohnhöhle, Vorratskammer, Wasserstollen oder Bergwerk aus. Die Versecktheoretiker meinen, die Schlupfe seien zum Zwecke der Verteidigung oder zur Abschreckung angelegt worden, da sie nur einzeln passiert werden können. Aber als dauerhaftes Versteck lassen sich die Erdställe nicht interpretieren. Viele Anlagen sind so eng, dass sich nur wenige Menschen in den sehr aufwendig gegrabenen Gängen verstecken können. Für schwangere Frauen oder beleibte Personen sind die Schlupfe ein unüberwindbares Hindernis. In den Kammern ist für mehrere Personen kaum ausreichend Sauerstoff vorhanden, denn die Anlagen sind nicht belüftet. Da die Erdställe nur einen Eingang und keinen Ausgang haben, ist auch eine Deutung als Fluchtgang ausgeschlossen. Die Vermutung liegt nahe, dass es sich um Kultbauten handelt – so zählen Zusammenhänge mit einem Durchschlupfbrauch zu den Theorien der Zweckbestimmung. Über die Schlupfe sollen in einem Ritual Krankheiten oder Gebrechen an die Mutter Erde abgestreift worden sein. Ein heidnischer Brauch, der tatsächlich vom Christentum adaptiert wurde. Zeugnis sind an Kirchenmauern gelehnte Schlupfsteine oder ganze Schlupfaltäre in den Kirchen selbst. Es gibt neben den kreisrunden Verengungen allerdings auch viereckige, die nicht selten mit einer Einfassung für eine Abdeckung gearbeitet waren. Diese Abdeckungen, die wiederum gut zu einer Versteckinterpretation passen, wurden nie gefunden. Dennoch, ein viereckiger Schlupf ist für ein Abstreifritual denkbar schlecht geeignet. Waren die Erdställe also Initiationsräume, die einem entsprechenden Ritual gedient haben? Die aktuellen Erkenntnisse zeigen, dass die Erdställe nach ihrer Fertigstellung nicht mehr betreten wurden. Neu entdeckte Anlagen zeigen keinerlei Abnutzungsspuren. In lehmigen oder sandigen Böden sind die Wände nicht selten geglättet, jeder Besucher hätte in dieser Enge seine Spuren hinterlassen.

Eine weitere Interpretation wäre, die Erdställe als Leergräber (Kenotaphe) zu sehen. Die Hypothese ist, dass die in Bayern sesshaft werdenden Siedler am Ende der Völkerwanderungszeit ihre Bestattungen nicht mitnehmen konnten. Um die Ahnen weiterhin zu verehren und in ihrer Nähe zu wissen, könnten sie die Erdställe als Aufenthaltsräume für deren Seelen erbaut haben. Hier ergeben sich aber Widersprüche zu den bisherigen Datierungsversuchen der Erdstallanlagen, die immer mehr in die Zeit um 1000 n. Chr. deuten. Zudem ist die These der geschlossenen Einwanderung eines bajuwarischen Volkes aus Böhmen widerlegt. Die bayerische Urbevölkerung ist aus einer Mischbevölkerung mit hohem romanischen Bevölkerungsanteil hervorgegangen und die Erdställe sind nicht nur in Bayern beheimatet.

Nach einer Seelenkammertheorie im christlichen Kontext werden die Erdställe als Aufenthaltsräume für die Seelen Verstorbener gedeutet, die dort unten auf ihre Auferstehung warten. Das antike Christentum kannte noch kein Fegefeuer, sondern glaubte an einen Wartezustand der Seelen zwischen Tod und Jüngstem Gericht. Dies würde erklären, warum die Erdställe immer wieder in unmittelbarer Nähe von alten Kirchen zu finden sind. Tatsächlich breitete sich aber die Lehre vom reinigenden Feuer, dem die Seele ausgesetzt ist,

Schlupfloch in einem Erdstall.

schon in der Spätantike und im frühen Mittelalter aus. Zudem ist es schwer erklärbar, warum sich ein Erdstallkult nur in bestimmten Gegenden durchsetzen sollte. Die Verbreitung der Erdställe ist auf vereinzelte Regionen in Mitteleuropa beschränkt.

Die Schwierigkeit bei der Erforschung der Erdställe liegt daran, dass die unterirdischen Anlagen fast immer fundleer sind und kaum eine Datierung zulassen. Auch im historischen Schrifttum sind keine Hinweise auf eine Zweckbestimmung zu finden. Worauf soll sich also eine Forschung stützen, wenn nicht auf die vorhandene, narrative Volksüberlieferung? Die Erdställe in Oberbayern sind besonders häufig verbunden mit Sagen um „drei Jungfrauen", die in den unterirdischen Gängen wohnen, singen oder einen verborgenen Schatz hüten. Diese Sagen gehen auf einen weitverbreiteten Dreifrauenkult zurück – in Bayern sicher bis weit vor die Zeit der Kelten. In den bayerischen Kirchen sind diese „heiligen drei Frauen" bis heute erhalten. Im Volksmund werden sie allgemein als die „drei heiligen Madln" angesprochen, ihre christlichen Namen sind

Barbara, Katharina und Margaretha. In den Sagen können diese drei Frauen auch einzeln oder in stark veränderter Form vorkommen. Manchmal wird die Dreiheit nur noch in unterschiedlichen Aspekten ein und derselben, meist Altfrauengestalt, vertreten oder es sind überhaupt nur noch Spuren ihrer Helfer (z.B. „feuriger Hund“) erhalten geblieben. Neben den Dreifrauensagen treten, besonders in der Oberpfalz, im Bayerischen Wald und in Teilen Niederbayerns Sagen von Zwergen, Schratzeln oder Wichteln auf, die nachts aus den Erdställen kommen und den Menschen unbemerkt bei der Arbeit helfen. Will man ihnen Gutes tun, verschwinden sie plötzlich. Zu unterscheiden sind die Zwergen- und Dreifrauensagen von einem weiteren, sehr charakteristischen Sagentyp: den Sagen von unglaublich langen, unterirdischen Gangverbindungen zwischen zwei Orten. Diese „Verbindungssagen“ gibt es auch zu Fluchtgängen unter Burganlagen oder zu Wasserabläufen von ehemaligen Eiskellern. Tatsächlich existieren diese unendlich langen Gänge nicht, die in den Sagen oft ein ganzes Tal durchqueren oder unter einem Fluss hindurch bis zur nächsten Anhöhe gehen. Die scheinbar unergründlichen, engen und dunklen Gänge wurden in der Phantasie zu kilometerlangen Gangverbindungen. Dennoch wurden an manchen der in diesen Sagen genannten Orten Erdställe gefunden.

Wird eine kultische Deutung der Erdställe in Betracht gezogen, dürfen die Sagen wie erwähnt nicht ausgeschlossen werden. Der Zwerg hat seinen Ursprung in der nordeuropäischen Mythologie und stellt die geheimnisvollen Naturkräfte der Erde dar. Die Sagen um die drei Jungfrauen sind in besonderem Maße verwandt mit verschiedenen Sagentypen um Frau Holle. Die volkstümliche Erzählung geht dabei in ihren stofflichen Bezügen und motivischen Ausprägungen auf mythische Vorstellungen vom Werden und Vergehen, von Natur und Mensch und von Gut und Böse zurück. Die Gestalt der Frau Holle ist weithin bekannt, und sie ist nicht nur in Hessen und Thüringen beheimatet. Im Alpenraum wird sie Frau Percht oder Frau Bertha genannt. In den Sagen nimmt sie eine Vielfalt von Gestalten an, oft vereinen sich drei Aspekte, die über Geburt, Leben und Tod bestimmen. Diese Dreiheit gleicht den drei Jungfrauen, die ebenso wie die Holle oder Percht die schicksalsdeutenden und schicksalsbestimmenden Mächte verkörpern. Da ein Kult um die drei Frauen belegt ist, der sich um die Lebensabschnitte genauso wie um Aussaat und Ernte im Jahreslauf dreht – und nicht nur in den Sagen eine Parallelität zwischen den Zwergen und den drei Frauen vorhanden ist – wäre es denkbar, die Erdställe einem agrarreligiösen Brauchtum zuzuordnen. Der ländlichen Bevölkerung muss zu jeder Zeit eine besondere Kenntnis über Bodenbeschaffenheit, Zeitpunkt für Aussaat und Ernte, Lagerung von Saatgut und ein allgemeines Wissen im Umgang mit der Natur zugesprochen werden. Zeugnisse dieses tiefen Wissens haben sich bis heute im Brauchtum manifestiert, und vieles davon ist noch weit verbreitet, unter anderem das Baumaufstellen im Frühjahr oder zur Hochzeit, von der Kirche adaptierte Prozessionen zu verschiedenen Jahreszeiten oder die Jahreszeitenfeuer. In einem alten Mythos wird zur Sommersonnwende die personifizierte Fruchtbarkeit in die Unterwelt „entführt" und zur Wintersonnwende von ihren Dämonen mit großem Lärm geweckt. Ein Brauchtum, das sich noch heute in den Perchtenläufen und ähnlichen Bräuchen spiegelt. Wird die (personifizierte) Fruchtbarkeit als eine schöpferische Kraft gesehen, wäre es gut möglich, dass sie in der „toten Zeit" symbolisch im Erdstall versteckt oder gefangen gehalten wird und dort „reift", bevor sie im Frühjahr in die Vegetation zurückkehrt. Dies würde erklären, warum in den Erdställen immer wieder Elemente auftauchen, die an Verstecke erinnern, am Ende aber vollends unbrauchbar dafür sind.

Im Münchner Umland sind mehr als 100 Erdstallanlagen bekannt, wobei der Schwerpunkt der regionalen Verbreitung in den Landkreisen Freising und Dachau liegt. Zu den Alpen hin werden die Erdställe weniger. Die meisten Anlagen sind heute zerstört oder sie können nicht mehr betreten werden, weil der Zugang verschüttet und nicht mehr auffindbar ist. Im nachfolgenden sind drei sehr interessante Anlagen aus dem Münchner Süden aufgeführt.

Im Landkreis Miesbach, nicht weit von Irschenberg entfernt, gibt es den Ort Reichersdorf. Als dort 1640 der Schäfflerbauer auf seinem Hof nach Wasser grub, tat sich plötzlich ein enges Schlupfloch zu einem unterirdischen Gangsystem auf. Bald nach der Entdeckung stellte sich eine Wallfahrt ein. Der damalige Probst Valentinus Steyrer (1629–1659) aus Weyarn verfasste eine "*Delineatio oder Kurtze Beschreibung von der Erfündung der Creutzgrufft und wunderwürklichen Pronnens zue Reicherstorff*" und veranlasste den Bau einer Allerheiligenkapelle, die heute noch wie ein Turm über dem Erdstall steht. Der Einstieg in die unterirdischen Gänge befand sich direkt hinter dem Altar. In der Höhle selbst wurde eine weitere Andachtsstätte errichtet und die Figur der hl. Barbara aufgestellt. Das Wasser aus dem Brunnen und die „Erde" aus dem Erdstall galten als heilkräftig. Die Kranken fanden Linderung oder Heilung bei Kreuzschmerzen, Augenleiden, Koliken, Monats- und Wochenbettbeschwerden, Gliederschmerzen und Geschwüren. Auch Tiere wurden behandelt und Äcker wieder fruchtbar gemacht.

Das Erdstallfragment ist in sehr abgenutztem Zustand erhalten. Es besteht aus vier Gangabschnitten. Zwei Ebenen sind über einen engen Vertikalschlupf miteinander verbunden. Der untere Gang schraubt sich an seinem Ende spiralförmig in die Höhe. Im Bereich des Brunnens zeigt der Grundriss eine Kreuzform, weshalb der Erdstall bei seiner Entdeckung den Namen Kreuzgruft erhielt. Die Anlage gilt als kulturhistorisch sehr interessant, denn das Schrifttum über die Wallfahrt weist darauf hin, dass die Erdställe in dieser Zeit bereits völlig vergessen waren und im 30-jährigen Krieg nicht als Versteck genutzt wurden.

Die Entdeckungsgeschichte des Erdstalles in Reichersdorf ist mit der Einführung einer christlichen Wallfahrt eng verwoben. Sie zeigt auf eindrucksvolle Weise, wie im Volksmund überlieferte Fragmente eines alten Glaubens erhalten geblieben sind und von der Kirche für ihre Zwecke adaptiert und verändert wurden. Parallel zum kirchlichen Geschehen hat sich sogar eine Sage um drei Jungfrauen auf die unterirdischen Gänge gelegt, die dort unten ihre wunderschönen Gesänge hören lassen. Dies wäre ein Nachweis dafür, wie tief der vorchristliche Glaube in dieser Zeit noch im Volk verankert war. Aus den drei Jungfrauen wurden die Heiligen Barbara, Margaretha und Katharina, die auf dem Altarbild der Kapelle sehr schön abgebildet sind. Der gesamte Ort ist aber letztendlich zu einem Kultort der heiligen Barbara geworden. Dafür sprechen der turmartige Kapellenbau, der Brunnen, über den die Reichersdorfer Unterwelt bis zum Bau der Kapelle betreten wurde, sowie die unterirdische Barbarakapelle selbst. Die hl. Barbara gilt zwar heute als Schutzpatronin der Bergleute, aber sie war auch Sterbepatronin und zuständig bei Schwangerschaftsbeschwerden. Damit ist sie durchaus schicksalsbestimmend für Geburt, Leben und Tod. Ein weiteres Phänomen, das diese Interpretation der Erdställe aus dem 17. Jahrhundert stützt, sind die Mahlsteine, die immer wieder in den sonst fundleeren Erdställen entdeckt werden. Der Mahl- oder Mühlstein gilt sei jeher als Symbol von Werden und Vergehen, von Tod und Wiedergeburt.

In Doblberg, unweit von Glonn im Landkreis Ebersberg, wurde 2005 ein Erdstall entdeckt, als eine Kuh mit dem Fuß in einer Wiese auf einem Hügel einbrach. Der Fundort liegt in unmittelbarer Nähe zu einer ehemaligen Kirche, die mit dem Patronat Peter und Paul ausgestattet war. Am Patronatstag wurden früher die als „Peterlfeuer" bezeichneten Sommersonnwendfeuer angezündet. Auch hier ist der Erdstall nur als Fragment erhalten und besteht aus fünf Gangabschnitten ohne Kammern, die sich über vier Etagen erstrecken. Die Gangabschnitte sind durch einen Horizontalschlupf und zwei Vertikalschlupfe miteinander verbunden. Der unterste Gang endet kurz nach einem Schlupf in einer Verschüttung. Die Schlupfe wurden viereckig gestaltet und zeigen Spuren eines hölzernen Rahmeneinbaus, der über eine Lehmlippe festgedrückt und verfugt wurde. In „Sitznischen" lagen neben den Schlupfen faustgroße, rundliche Lehmklumpen. Von einer Abdeckung fehlte jede Spur. Ein in nordöstlicher Richtung angelegter, blind endender Gang, zeigt im Schlupf eine fast vollständig erhaltene Lehmlippe. Es ist der Nachweis, dass es sich um Rahmeneinbauten und nicht

Heilige Barbara von Reichersdorf (Originalstatue im Heimatmuseum Miesbach).

Eingang zur unterirdischen Welt von Doblberg.

um komplette Abdeckungen gehandelt haben muss, denn derjenige, der die Arbeit verrichtet hat, wäre im Falle einer kompletten Abdeckung für immer im Erdstall eingeschlossen geblieben. Im gegenüber liegenden Ende des Ganges wurde ein roter, fast eiförmiger Sandsteinfindling entdeckt. Eine Grabung an dieser Stelle ergab, dass der Stein von außen eingebracht worden sein muss. In jüngster Zeit gelang eine Datierung eines Holzstückes, das zu den Rahmeneinbauten gehört haben könnte. Die Datierung weist in das Jahr 1000 n. Chr., wobei es nicht völlig sicher ist, ob die Holzeinbauten tatsächlich aus der Erbauungszeit stammen oder erst später für eine Sekundarnutzung des Erdstalles als Versteck eingebaut wurden. In Doblberg sind insgesamt 25 m Ganglänge erhalten. Die Ganghöhen liegen zwischen 80 und 110 cm. Die Schlupfe messen 44 cm.

In Peiß bei Aying (Landkreis München) wurde im Winter 1998 bei Aushubarbeiten für ein Wohnhaus der Einstiegsschacht eines Erdstalles angeschnitten. Die Baumaßnahmen fanden in erstaunlicher Nähe zu einer St. Nikolauskirche statt. Im Nordprofil der Baugrube wurden ein bronzezeitliches Vollgriffschwert und Keramikscherben gefunden. Die Funde sprechen für eine kontinuierliche Nutzung des Platzes seit der Bronzezeit, aus der weitere Spuren in der Region zahlreich belegt sind. Dank des Grundstückeigentümers ist das Erdstallfragment nach wie vor erhalten, aber nicht mehr zugänglich. Das Loch, das sich beim Anschnitt der Gänge ergab, wurde mit Holzbrettern verlegt, bevor die Baugrube nach dem Fundamentbau des Hauses wieder aufgeschüttet wurde. Der Erdstall besteht aus vier Gangabschnitten und drei Kammern. Er ist auf drei Etagen angelegt, die über zwei Durchschlupfe zu erreichen sind. Der letzte in sieben Meter unter der Aiblinger Landstraße gelegene Gangabschnitt endet durch Verschüttung. Eine der Kammern wurde im Deckenbereich mit trocken gelegten Tuffsteinen verschlossen. Nicht nur diese kuppelförmigen Kammerdecken machen die Anlage in Peiß zu einer Besonderheit. In die Vertikalschlupfe wurden viereckige Tuffsteinrahmen von nur 38 cm x 38 cm eingearbeitet. Neben den Schlupfen lagen Lehmstränge, die Abdeckungen fehlten. Die Verschlussvorrichtungen sind so angelegt, dass die Gänge im Erdstall von außen zu verschließen wären. Dies erweckt, wie auch in anderen Anlagen, den Eindruck, dass etwas in den Erdstall gebannt werden sollte, denn ein Versteck von außen zu verschließen macht wenig Sinn. Die Gesamtlänge der Anlage beträgt 15 Meter. Bemerkenswert ist, dass die Gänge in unmittelbarer Nähe des Hauptaltars der Kirche durch den Untergrund ziehen. Die Kirche selbst zeigt als Patronat den heiligen Nikolaus, der durch seine Legende mit den drei heiligen Frauen in Verbindung steht.

MYTHISCHE ORTE

Kurt Derungs

AUBINGER LOHE UND ROGGENSTEIN

Die Aubinger Lohe ist ein Wald- und Wiesengebiet, das ganz im Westen der Stadt München liegt. Vom Hauptbahnhof fährt eine S-Bahn am Schlosspark Nymphenburg vorbei und hält dann in Lochhausen, das sich unmittelbar nördlich der Anhöhe befindet. Weitere Stätten im Umland sind Aubing, Eichenau und Germering. Wer von Aubing kommt, fährt Richtung Eichenauer Straße und hält nach kurzer Wegstrecke am südlichen Waldrand an einem kleinen Parkplatz. Die Lohe ist heute ein beliebtes Naherholungsgebiet, das mit seinen Feldern, Wiesen und dem Forst die Menschen zum Wandern einlädt. Wer so auf Entdeckungsreise geht, wird bald einmal bemerken, dass die Aubinger Lohe eigentlich ein Hügel ist. Dieser erhebt sich etwa 25 Meter von der restlichen Landschaft. Zu dieser geologischen Besonderheit kommen auch kulturgeschichtliche Überlieferungen, denn schon vor etwa 3000 Jahren haben hier Menschen gelebt. So entdeckte man im Süden und Südosten

Blick über die Aubinger Lohe.

Siedlungsspuren aus der Bronzezeit, später folgten dann Kelten und Römer. Aus dieser Zeit stammen zwei Keltenschanzen, die etwa 2200 Jahre alt sind und deren Reste sich heute im Unterholz befinden. Aber auch das Mittelalter hat seine Spuren hinterlassen. So liegt im Nordosten der Aubinger Burgstall auf dem Hügel, der auch Turmhügel oder Teufelsberg genannt wird. Es handelt sich wahrscheinlich nicht um einen Adelssitz eines mittelalterlichen Geschlechts, sondern um eine ehemalige Turmhügelburg zur Überwachung der Straßen. Dennoch sind Burgstall und Hügel sagenumwoben, so dass die Stätte auch Teufelsburg heißt. Auf diese eher jüngere Bezeichnung werde ich nochmals zurückkommen.

Nebst dem Teufelsberg werden vor allem die beiden Keltenschanzen gerne aufgesucht. Vom Parkplatz am südlichen Waldrand führt der Aubinger Lohweg Richtung Norden. Dort, nach etwa 250 m, durchschneidet der Weg genau die erste Schanze, was mit geübtem Auge zu erkennen ist: zwei kaum zu bemerkende Geländestufen. Diese zeigen sich als die beiden etwa 100 Meter voneinander entfernten Seiten einer quer zum Weg liegenden Viereckschanze, wie man solche Erdwerke auch nennt. Die zweite Schanze ist zu finden, indem man von hier aus etwa 50 m auf dem Weg zurückwandert und dann rechts in einen Pfad einbiegt, der nach 200 m eine Linkskurve macht. Nochmals etwa 50 m und die Schanze wird allmählich sichtbar. Es handelt sich um ein 80 x 50 Meter großes, gut ausgeprägtes Rechteck. Der Archäologe Andreas Scherm setzt die beiden Anlagen in die späte Eisenzeit (La Tène) des 2./1. Jahrhunderts v.u.Z. Er schreibt dazu: „Nach gängiger Forschung handelt es sich bei derlei Anlagen um Kultbezirke, in denen Opfer dargebracht und Versammlungen abgehalten wurden, mit Sicherheit nicht um Nutzungs- oder Fortifikationsbauten (‚Schanzen')..." Es sei eine Atmosphäre eines Temenos spürbar, „eines Zeremonialraums, in dem zu Gericht gesessen, über Krieg und Frieden befunden sowie nach Aussage antiker Autoren die Götter durch grausame Opfer besänftigt wurden."

Solche Aussagen müssen jedoch differenzierter gesehen werden, zumal für die römischen und griechischen Autoren der

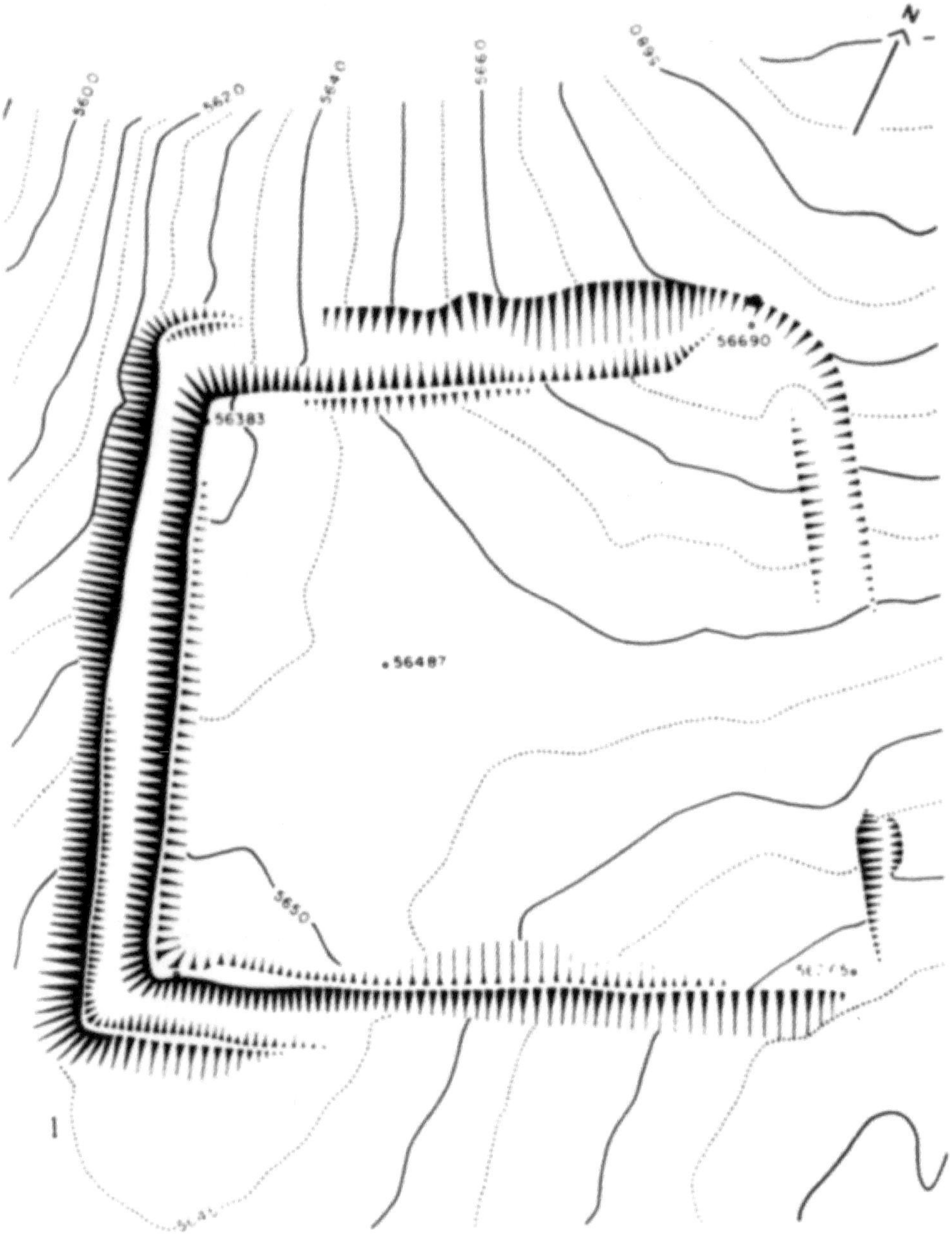

Umriss einer typischen Viereckschanze.

Antike die Kelten schlichtweg Barbaren waren, sie ihre eigene Kultur aber als höchste Zivilisation betrachteten. Zudem sind bei vielen Viereckschanzen keine „Opfer"-Spuren nachweisbar, oder die Wallanlagen sind Reste ehemaliger Gutshöfe, also gerade keine Kultbezirke. Doch was sind solche viereckigen Erdwerke eigentlich? Aus den bisherigen Fundorten lassen sich bestimmte Eigentümlichkeiten feststellen. So ist zum Beispiel der Grundriss meistens quadratisch mit einer durchschnittlichen Seitenlänge von 75–150 Metern. Die Fläche der Anlagen variiert zwischen 1600 und 25000 qm. In Bezug auf die Ausrichtung ist eine Tendenz zur Nord-Süd-Achse feststellbar. Die Wälle bestehen aus dem Aushub des Grabens, der normalerweise zwei bis drei Meter tief und vier bis sechs Meter breit war. Palisadenzäune sind nachweisbar, jedoch eignen sich diese weder für militärische Zwecke noch für Verteidigungen. Im Innern der Erdwerke befinden sich oft tiefe Schächte, die als „Opferschächte" oder einfach als Brunnen gedeutet werden. Bei der Keltenschanze von Holzhausen ist beispielsweise ein 35 Meter tiefer Schacht nachgewiesen. Das Tor der Umfriedung befindet sich nie im Norden. Bevorzugt wird der Eingang im Osten, hinzu kommen Tore im Westen oder im Süden. Der Graben vor dem Tor konnte auf einer Holzbrücke überquert werden.

Das Hauptverbreitungsgebiet der Viereckschanzen liegt in Süddeutschland (Bayern, Baden-Württemberg) und in Nordfrankreich zwischen der Seine und der Dordogne. Weitere Anlagen finden sich in der Schweiz, in Österreich und in Tschechien. Die Zeitspanne liegt etwa bei 200–100 v.u.Z., allein in Bayern sind fast 280 Erdwerke bekannt. Neuere Forschungen gehen davon aus, dass nicht alle viereckigen Erdwerke Kultplätze waren, sondern Gutshöfe oder Anwesen mit mehreren Bauten. In Frankreich gibt es sogar beide Nutzungsarten nebeneinander, also eine „profane" und eine „sakrale". So sind Palisaden- und Grabeneinfriedungen bekannt, sogenannte *ferme indigène,* die auf Siedlungen hinweisen, aber auch Funde, die eindeutig einen kultischen Zweck belegen. Eine entsprechende Nutzung darf auch für Deutschland angenommen werden.

Und die viereckigen Erdwerke der Aubinger Lohe? Darf der Bezirk als ein ehemaliges Heiligtum (Temenos) betrachtet werden, wie es Andreas Scherm erwähnt? Oder sind hier die Übergänge einer profanen Nutzung und einer sakralen Bedeutung fließend? Das griechische Wort *Temenos* bezeichnet einen umgrenzten Bezirk eines Heiligtums, das mit einer Mauer und einem Torbau versehen ist. Die Umfriedung kann auch aus Säulenhallen oder Zäunen bestehen. Die Kelten wiederum kannten ein Wort *Nemeton* „heiliger Hain", mit dem sie ihre Naturheiligtümer bezeichneten. So nannten die Galater in Kleinasien ihren Versammlungsort *Drynemeton* „heiliger Eichenhain". Zudem entstanden viele Ortschaften aus Heiligtümern, so in Frankreich Nanterre, das in gallo-römischer Zeit *Nemetodurum* hieß, oder die pfälzische Stadt Speyer mit ihrem alten Namen *Noviomagus Nemetum*, der auf den „germanischen" Stamm der Nemeter zurückgeht. Auch den Römern war der heilige Hain nicht fremd. Sie benannten ihn mit dem Wort *Nemus* „Wald, Hain", wo sie ihre Feste und Rituale abhielten. Ein anderes lateinisches Wort ist *Lucus*, das ursprünglich „heiliger Hain, Wald" bedeutet, jedoch im Verlauf der Geschichte seine sakrale Bedeutung verloren hat und dann nur noch allgemein einen Waldbezirk bezeichnet. Eine ähnliche Entwicklung zeigt das althochdeutsche Loh, das mit *Lucus* sprachgeschichtlich verwandt ist. Auch hier ist die Bedeutung anfänglich „heiliger Hain, geweihter Wald", was sich aber allmählich verliert und zur reinen Sachbezeichnung „lichter Wald, Hain" wird. Der allseits verwendete Flurname hat nun keinen sakralen Hintergrund mehr.

Aus der Sicht der Sprachgeschichte wäre es somit durchaus denkbar, dass die Aubinger Lohe in keltischer Zeit ein Nemeton war, in römischer ein Nemus und in althochdeutscher ein Lohwald bzw. eine Lohe. In einem Nemus verehrten die Römer unter anderem die Göttin Diana. Und auch das keltische Nemeton war einer göttlichen Ahnfrau geweiht, die wie das Heiligtum selbst *Nemetona* hieß. Dennoch ist Nemetona als Göttin des heiligen Haines und des Waldes nur eine Umschreibung für eine allumfassende Erdgöttin sowie Herrin der Tiere, die man entweder in ihrer Vielfalt alleine oder in Begleitung eines männlichen Partners verehrte. Dieser erscheint oft als Wächter, Beschützer und Wandler zwischen den Welten. Eine seiner bekannten Gestalten ist der Grüne Mann, der in der christlichen Dämonologie zum Teufel gemacht wurde, während die Ahnfrau nun als hexenhafte Dämonin erscheint. Wäre dies der mythologische Hintergrund des Teufelsberges der Aubinger Lohe?

Zu finden ist dieser, wenn man von der ersten Keltenschanze, die vom Aubinger Lohweg durchschnitten wird, etwa 50 m weiter nach Norden geht und dann rechts in den Moossteigweg einbiegt. Hier geht es ungefähr 250 m gerade aus, danach nimmt man den Pfad nach links und gelangt zu einer größeren Lichtung mit einer Anhöhe. Der Sagensammler Friedrich Panzer erwähnt in seinem ersten Band unter der Nr. 58 „Der Teufelsberg bey Lochhausen" folgende Begebenheit zu diesem Ort: Der Teufelsberg liegt im Wald neben dem Moos zwischen Aubing und Lochhausen. Einst soll auf dem Teufelsberg ein Schloss gestanden sein, das aber versunken ist. In diesem liegt ein Schatz verborgen. Alte Leute erzählen, dass hier einst drei Fräulein gewohnt hätten, die den Schatz mit dem Metzen (Maß) teilten. In der Nacht sahen die Leute in der Nähe des Teufelsberges eine große schwarze Frau. – Eine weitere Sage berichtet, dass auf dem Teufelsberg eine Gräfin wohnte. Ihr Mann wurde auf der Jagd von Räubern erschlagen. Sie erkannte ihn, als der treue Hund die Hand des Grafen brachte und sie den Fingerring des Gatten sah. Darauf verwünschte sie den Wald, der zu Moos werden sollte. Und so geschah es auch.

Leider sind solche Berichte nur noch Fragmente eines alten mythologischen Weltbildes, das in mehr oder weniger verständlichen Bruchstücken in der Sagentradition fortlebt. Daher müssen diese unbedingt mit verschiedenen Mythen und Glaubensvorstellungen kulturgeschichtlich verglichen werden. Dies ist umso schwieriger, da Sagen meistens einzelne Motive ohne ein größeres Handlungsmuster beschreiben und zugleich noch mehrfach überschichtet sind von religiösen und moralischen Wertvorstellungen. Das heißt, wir finden darin alteuropäische Spuren genauso wie indoeuropäische, keltische, römische, germanische und christliche sowie eine zum Aberglauben gemachte Volksanschauung. Aus der Sicht der historischen Mythenforschung ist die „große schwarze Frau" der Aubinger Lohe durchaus mit der schwarzen Madonna vergleichbar, wie sie zum Beispiel in Altötting verehrt wird. Jedoch ist diese im christlichen Sinn positiv bewertet, während ihre keltische Schwester in Britannien, die Black Annis oder Schwarze Agnes, zur Dämonin gemacht wurde und als Schreckgespenst umgehen soll: als blaugesichtiges altes Weib mit eisernen Klauen und mit einer Vorliebe für Lämmer- und Kinderfleisch. Ihre Tiergestalt sei die Katze, sie selbst wohne in einer Höhle, die sie eigenhändig gegraben habe und deren Eingang an einer alten Eiche erkennbar sei. Zweifellos handelt es sich hier um eine alte Erdgöttin der Unterwelt, die das Leben schenkt, schicksalshaft bestimmt und schließlich zu sich nimmt, um es in einer Erneuerung wieder hervorzubringen. Sie ist somit die Tod-im-Leben-Göttin und Weise Alte, die immer mehr zur Hexe umgedeutet wurde und nun als Drohgespenst für ungehorsame Kinder im Glauben der Menschen fortlebt.

Die schwarze Erdgöttin ist aber nicht alleine. Sie hat oft drei Töchter, die dann als drei Schwestern oder wie hier auf der Aubinger Lohe als „drei Fräulein" erscheinen. Wie die Alte Weise selbst ist eine von ihnen meistens schwarz, also mit ihr identisch, während eine andere Schwester weiß ist und die dritte häufig ebenfalls als weiß oder als halb weiß und halb schwarz beschrieben wird. Sie hüten einen Schatz, der vielfach aus Gold oder Edelsteinen besteht. Mit diesem „Gold" sind die Schätze der Erde gemeint, d.h. die Früchte, Ähren und die Nahrung, welche die drei göttlichen Ahnfrauen aus ihrem Schoß der Erde hervorbringen, um damit Tiere und Menschen am Leben zu erhalten. Wahrscheinlich gehört auch die „Gräfin" in der Sage zum Umkreis der mythischen drei Schicksalsfrauen, denn sie kann wie jede göttliche Ahnfrau die Landschaft verändern, obwohl es sich hier nicht mehr um eine vegetative Veränderung handelt, sondern um eine Verwünschung. Interessant ist, dass die altverehrten Schicksalsfrauen in der europäischen Mythologie häufig über allen anderen Gottheiten stehen, so in Griechenland, wo man sie Moiren nennt, oder bei den Römern, wo sie Parzen heißen. In Nordeuropa kennt man sie als Nornen, und in keltisch-römischer Zeit erscheinen sie als drei Bethen bzw. als drei Matronen, was wir mit „Mütter der Landschaft" übersetzen dürfen, denn die Ahnfrauen waren immer auch Göttinnen des Landes.

Damit haben wir die negative Umdeutung des Teufelsberges etwas relativiert. Als spannende Ergänzung zur Aubinger Lohe wechseln wir die Ortschaft und fahren Richtung Westen nach Eichenau im Landkreis Fürstenfeldbruck. Dort befindet sich das Gut Roggenstein mit einem mittelalterlichen Burgstall und einer ehemaligen Kapelle St. Georg. Wer mit dem öffentlichen Verkehrsmittel anreist, nimmt die Münchner S-Bahn (S 8 Richtung Geltendorf) und steigt bei der Haltestelle Eichenau aus. Vom Bahnhof geht ein Fuß- und Radweg entlang des Dammes bis Roggenstein, Wegstrecke etwa ein Kilometer. Aufschlussreich sind einerseits die Kapelle, die zeitweise zugänglich ist, andererseits die unsichtbaren Gänge, denn unter der Georgskapelle liegt am Fuß des Burgstalls ein faszinierender Erdstall. Dieser wurde 1840 erstmals dokumentiert, heute sind die Gänge nicht mehr begehbar. Gemäß den alten Beschreibungen ist der Hauptstollen bis zu zwei Meter hoch und verläuft von Norden nach Süden etwa 100 Meter quer durch den Hügel. Vom Hauptgang zweigen einige, teilweise durch Schlupflöcher erreichbare Seitenarme ab.

Roggenstein kann wirklich als ein Glücksfall bezeichnet werden, denn hier treffen Mythensagen, Erdstallforschung und christliche Überformung aufeinander. So berichtet Panzer in seinem Sagenbuch unter der Nr. 57 „Rockenstein" folgende Geschehnisse: Am Allerseelentag im November sah man auf Roggenstein Geister umgehen. Diese waren drei Jungfrauen. Zwei von ihnen gingen voran und waren weiß, während ihnen eine schwärzliche Jungfrau mit einem Hund folgte. Die Leute nannten sie die drei Schwestern, und man hörte oft ihren schönen Gesang.

Bemerkenswert ist, dass die Besiedlung dieses Ortes ein hohes Alter aufweist, man spricht von „prähistorischer Zeit". Zudem sollen unter der Kapelle „Energiezonen" und Wasserläufe feststellbar sein. Der Erdstall besaß einst einen kreisförmigen Rundgang mit integriertem Kreuz, außerdem vier Stufen und seltsame Ritzzeichnungen, die noch ungedeutet sind. Zur ältesten Schicht dieser Anlage gehört sicher der Erdhügel selbst, den man als ein Naturheiligtum und als eine von Ahnengeistern beseelte Anderswelt betrachtete, worin die mythischen drei Schicksalsfrauen in einer Höhlung wohnten. Kulthügel, geheimnisvolles Jenseitsparadies als unsichtbarer Innenraum, die verstorbenen Ahnen und die drei Landschaftsgöttinnen bilden zusammen eine untrennbare Naturstätte, auch wenn keine Kapelle oder Erdstallgänge vorhanden wären. Die Gänge des Erdstalls kommen später hinzu, sie gehören also zur zweiten Schicht, wobei die seltsamen Ritzzeichnungen weitere Aufschlüsse geben könnten. Diese müssen aber nicht unbedingt zur Entstehungszeit des Erdstalles einhergehen, die man etwa ins frühe Mittelalter setzt. In die dritte Zeitschicht dürfen wir den Burgstall und die frühgotische Kapelle einordnen, die ab 1371 genutzt wurde. Im 15. Jahrhundert wurde sie mit kostbaren Wandgemälden geschmückt. In diesem Zusammenhang ist interessant, dass 1524 als Patronin der Kapelle die heilige Margaretha erwähnt wird und erst später der heilige Georg. Die Kirchenmythologie nimmt hier zweifellos Gegenposition zur sagenhaften Frau mit der Drachenschlange, die auch als schwarze Erdgöttin erscheint, und setzt ihrerseits eine weibliche Heilige mit dem Drachen ein. Offenbar war die Umdeutung der altverehrten Erdmuttergöttin zur christlichen Nothelferin immer noch zu „heidnisch", denn das Volk sah in einem gewissen Sinn in der Margaretha das Fortbestehen ihrer heimlich angerufenen Ahnfrau. Es folgt eine weitere Umweihung und gleichzeitig eine Vermännlichung, indem der Drachentöter Georg zum Patron der Kapelle erhoben wurde. Er ist ein Soldat Gottes, der gegen das vorchristliche „Böse" kämpft, das im Tiersymbol des Drachen dargestellt ist.

Einen indirekten Bezug auf die im Volksglauben verehrten drei Schicksalsfrauen nimmt die Kirchenmythologie dadurch vor, dass sie die sagenhaften drei Ahnfrauen zusammen verchristlicht und

Drache, Ritter Georg und Königstochter. Wandmalerei in der Roggensteiner Georgskapelle.

Fragment der drei heiligen Frauen Katharina, Margaretha und Barbara in der Roggensteiner Georgskapelle.

zu den drei heiligen Frauen macht. Zwar sind diese nun mit ganz anderen Vorzeichen versehen, doch gehören Barbara, Margaretha und Katharina als die „drei bayrischen Madln“ inzwischen zum festen Bestand der lokalen Volkstradition. In der Georgs- bzw. ehemaligen Margarethenkapelle ist ein Bildnis der drei Nothelferinnen als Wandfresko fragmentarisch erhalten. Dabei zeigt sich Katharina mit dem Rad – dem Schicksals- und Lebensrad des mythischen Jahres, wie es sich vielleicht auch in der eigenartigen Architektur des Erdstalls wiederfindet. Dann Margaretha mit der Drachenschlange als Symbol des Todes, der Erneuerung und der Lebenskraft, sowie Barbara mit dem (Apfel)-Zweig. Die drei Schicksalsgöttinnen sind also nie wirklich verschwunden, sondern bestehen weiter, sei es in den Volkssagen oder in christlicher Umgestaltung. Und auch mit den Erdställen stehen sie in mythischer Verbundenheit. Von den etwa 75 bekannten Anlagen in Oberbayern ist bei ungefähr 20 Erdställen die Sage von den „drei Jungfrauen“ überliefert. Monika Löffelmann hat in ihrem Erdstallheft unter dem Kapitel „Sagen im matriarchalen Kontext“ die Mythologie von Roggenstein erwähnt:

„Auf die matriarchalen Farben weiß-rot-schwarz bzw. weiß-rot-blau-schwarz... wurde teils schon eingegangen. Wie in der hier überlieferten Sage, die sich noch aller drei Göttinnenaspekte in Form der drei Jungfrauen erinnert, fehlt jedoch die Farbe rot für die mittlere Dame. Die ‚lady in red‘, das läßt sich jedoch ganz klar sagen, fiel komplett der Prüderie der Kirche und der von ihr beeinflussten Bevölkerung zum Opfer. Sie verkörperte allzuviele ‚unschickliche‘ Aspekte, sogar ihre Fruchtbarkeit musste sie unter dem Deckmantel der reinen Jungfräulichkeit verstecken. So ist es nicht verwunderlich, dass sie ebenfalls weiß oder auch schwarz-weiß erscheint oder aber ganz wegfällt, wenn nur von zwei Schwestern die Rede ist... Der Tod durfte dagegen auch im christlichen Kontext seinen bedeutenden Stellenwert behalten, wenn auch losgelöst von seinem ursprünglich zyklischen Verständnis einer ewigen Abfolge von Kommen und Gehen, nicht jedoch in seinem transformierenden Charakter hin zu neuem Leben, als nun einmaliger Gnadenakt

Gottes. Der Tod bedeutete so an sich schon einen Wert, nicht die zu erwartende Wiedergeburt auf Erden. Die Trauerfarbe wechselte denn auch vom Weiß als Zeichen des Neubeginns zum Schwarz als Zeichen des irdischen Endes. Die schwarze Frau, Hekate, also durfte bleiben, sogar auch ihr Begleiter, der schwarze Höllenhund. Der Verehrung der dreigestaltigen Mondgöttin soll er, wie auch die schwarze Katze, den Status als Begleiter der Unterweltsgöttin verdanken." (S. 120 f.)

Bemerkenswert ist, dass die drei Schwestern in der Roggensteiner Sage am Allerseelentag (2. November) erscheinen. Dies ist ein Tag, wo sich die Lebenden und die Toten besonders begegnen und die verstorbenen Ahnen Speisen und Totenpflege erhalten, damit sie bald ihre sippenbezogene Wiederkehr erlangen. Gleichzeitig charakterisieren sich die „drei Jungfrauen" auch als Mittwintergöttinnen, d.h. als die Schicksalsfrauen mit dem Lebensfaden der dunklen Nächte sowie vor allem der Wintersonnenwende, an welcher „drei Mütter" hochverehrt waren. Damit kommen wir in Süddeutschland ferner in den Umkreis der Raunächte und der schwarz-weißen Frau Percht mit dem Spinnfaden und der Eisennase, die wiederum bei der britannischen Black Annis (siehe oben) eine Rolle spielt. Überhaupt sind die drei Schicksalsschwestern nicht nur am Allerseelentag aktiv, sondern mit ihrem weißen, roten und schwarzen Aspekt die Bewirkerinnen des Jahreskreises und der entsprechenden Vegetation im Frühling, Sommer, Herbst und Winter. In der keltischen Tradition wurde zu Beginn des Novembers das hohe Fest Samhain „Vereinigung (der Toten?)" gefeiert. Es steht als Beginn des keltischen Jahres. In Wales nennt man diese Zeit „Nacht des Winteranfangs". Sie war eine der drei Geisternächte. Für den Roggensteiner Erdhügel ist bedeutsam, dass an Samhain die Menschen einen Zugang zu den (Ahnen)-Wesen der Anderswelt haben, besonders zu den Bewohnern der „Elfenhügel", welche *Sid* genannt werden. Solche mythischen Hügel gelten in Irland vor allem als Wohnsitze der alten Bevölkerung Tuatha De Danann, was „Volk der Göttin Dana" meint. Am Tag von Samhain – und eben auch an Allerseelen – standen die Elfenhügel offen und man begegnete den Wesen der Jenseitswelt, der Vorzeit und den Verstorbenen. Dann war es auch möglich, den wundervollen Gesang der drei Schicksalsgöttinnen zu hören. Die Anderswelt war ein Reich der Freude, des Gesanges und des Überflusses, aus dem die Toten verjüngt wiederkehrten. Entsprechend wurde sie auch Land der ewigen Jugend genannt. Es ist durchaus denkbar, dass der Roggensteiner Erdhügel ein solcher mythischer Sid-Hügel war und der Erdstall ein frühmittelalterliches Überleben der „keltischen" Andersweltidee darstellt, die in der Zeit der christlichen Missionierung gleichsam in den Untergrund verschwand.

DIE MITTE VON MÜNCHEN

Wie so viele Städte besitzt auch München eine Gründungslegende, in der sich historische und legendäre Überlieferungen vermischen und wo gleichzeitig auch der Ortsname erklärt wird. Offiziell soll der Name *München* etwa „bei den Mönchen" bedeuten, was auf der lateinischen Bezeichnung „forum apud Munichen" beruht, mit der die Stadt bei ihrer erstmaligen urkundlichen Erwähnung im Jahr 1158 genannt wird. Dabei gehe die Form *Munichen* auf das althochdeutsche Munich „Mönch" zurück. Denn vor der Gründung der Stadt soll es hier eine Niederlassung von Mönchen aus dem Kloster Schäftlarn im Isartal gegeben haben. Es wird angenommen, dass diese auf dem Petersbergl lag, d.h. am Platz der Peterskirche, wobei Funde dazu noch ausstehen. Als Alternative dazu wird vermutet, dass die namensgebende Mönchsniederlassung an der Stelle der Michaelskirche zu finden sei. Jedoch wird heute bezweifelt, ob bei der Gründung Münchens überhaupt eine Mönchssiedlung bestand.

Die Gründungslegende besagt nun, dass die Benediktinermönche des Klosters bei Schäftlarn besorgt waren, denn sie fürchteten einen Überfall der Hunnen. Einer von ihnen sagte daher: „Es ist das Beste, wenn wir unser Kloster für eine Weile verlassen und uns in der Wildnis ringsum verbergen." Aber nicht allen gefiel diese Idee,

Der Mönch (Münchner Kindl) als Wahrzeichen Münchens.

so dass nur einige Mönche fortzogen. Sie folgten der Isar abwärts und versteckten sich in einer wilden, unbesiedelten Gegend, wo sie kleine Hütten bauten. Deshalb wurde der Ort von der Bevölkerung „bei den Mönchen" genannt, woraus später der Name „München" entstanden sein soll.

Solche Legenden kommen häufig vor, und sie werden dann sogar noch zur Geschichtsschreibung. Zu fragen ist nämlich, wer diese Legende geschrieben hat und mit welcher Absicht? In der geschilderten Legende wird unterstellt, dass es vor den Mönchen an diesem Ort keine Kultur gab und erst das Christentum hier eine Zivilisation schuf. Gewiss haben die Klöster Einfluss genommen, aber sie beginnen nicht im Niemandsland, wie die Vorgeschichte zeigt. Ausgrabungen im Altstadtbereich belegen, dass das Münchner Stadtzentrum bereits vor etwa 4000 Jahren besiedelt war. Hockergräber in den Stadtteilen Berg am Laim, Pasing, Moosach und Sendling stammen aus der Steinzeit. Während der Bronzezeit waren die Ufer von Isar und Würm besiedelt. Ebenso haben Kelten, Römer und Bajuwaren ihre Spuren hinterlassen. Auszugehen ist daher beim Namen *München* von einer keltischen oder sogar vorkeltischen Sprachwurzel **mun/*mon*, die entweder „Wasser" bedeutet oder „Anhöhe". Man vergleiche dazu den Fluss *Munda* in Spanien oder das keltisch-kymrische Wort *mynydd* „Berg". Somit wäre München von einem Gewässernamen oder von einem keltischen Hügelwort (siehe Petersbergl) abgeleitet. Aus der alten Wortwurzel **mun* entstand durch eine Volksetymologie die Form *Munichen* bzw. *Munich* mit der neuen Bedeutung „Mönch", was man später durch eine christliche Gründungslegende bekräftigen wollte. Denn der keltische Ortsname wurde nicht mehr verstanden und verlangte nach einer sprachlichen Erklärung, die man im Lateinischen und Althochdeutschen fand. Übrigens sind die Flussnamen Isar, Lech, Ammer, Inn und Donau ebenfalls keltischen oder vorkeltischen Ursprungs.

Ich möchte nun auf ein paar Phänomene eingehen, die in München auf eine vorchristliche Tradition hinweisen. So kommt zum Beispiel in einer Urkunde von 1543 der Name „Spiegelbrunneneck" vor, das Josef Mayer in seinem „Münchener Stadtbuch" (S. 553) erwähnt. Er berichtet weiter, dass noch im 19. Jahrhundert an diesem Hauseck ein Gemälde angebracht war, das einen fabelhaften Basilisken zeige, d.h. eine Drachenschlange. Vor dem Haus stand damals ein Brunnen, von dem sich die Leute folgendes erzählten: Im Brunnen hauste vor uralten Zeiten ein Basilisk, dessen Blick niemand ertragen konnte. Das war ein großer Kummer in München, denn jeder, der in die Tiefe schaute, wurde vom Blick des Basilisken getötet. Schließlich kamen die Leute auf die Idee, einen großen Spiegel herbeizuschaffen und stellten ihn über dem Brunnen auf. Da schaute der Basilisk aufwärts in den Spiegel und sah sein eigenes Bild. Und nicht lange, da war auch er tot. Auf diese Weise wurde die Stadt gerettet, der Brunnen aber hieß seitdem der Spiegelbrunnen.

Dieser Basilisk ist jedoch in München nicht die einzige Erwähnung einer Drachenschlange. Schon 1431 wird in einem Dokument das berühmte Wurmeck erwähnt, das sich heute beim

Drachenwesen im Innenhof des Neuen Rathauses von München.

Marienplatz befindet. Ursprünglich zeigte dieses ein Bildnis mit dem Drachentöter Georg und dem Lindwurm, der aus christlicher Sicht das „Böse" und „Heidnische" verkörpert und dann erst später mit dem Pestdrachen verknüpft wird, wie er heute zu bestaunen ist. In der keltischen Mythologie ist die Drachenschlange ebenfalls bekannt; sie lebt als *Guivre* im Altfranzösischen fort. Anfänglich war die Drachenschlange ein Symbol der Lebenskraft, des Todes und der Erneuerung, und sie ist mit sehr vielen Erdgöttinnen verbunden, die den Kreislauf des Lebens im Schoß der Erde bewirken. Selbst eine der drei heiligen Frauen – Margaretha mit dem Wurm – besitzt noch einen Rest dieser alten Mythologie, obwohl ihr die Drachenkraft entfremdet wurde. Der Lindwurm sowie der Basilisk im Brunnen scheinen mir darauf hinzuweisen, dass zum Ortsgeist von München die Drachenschlange gehört, die hier mit dem Wasser und den Flüssen verbunden ist.

So wurde beispielsweise das neue Leben aus dem Münchner Glockenbach geholt. Ein Kinderreim berichtet, dass an diesem Bach „drei Poppelen" sind, d.h. drei Mädchen, die wir als die drei Schicksalsschwestern erkennen. Diese halten den Lebensfaden in der Hand, denn eine spinnt Seide, die andere wickelt Weide und die dritte sitzt am Brunnen, wo sie ein kleines Kind findet. Weiters wird im Reim auch das Ei erwähnt, aus dem alles Leben entsteht und das als Fruchtbarkeitssymbol gilt, sowie die Sonne: Hängt ein Engel an der Wand, hat ein Ei in der Hand, wenn das Ei herunterfällt, hat die Sonn' ein End. (Sepp 276) In diesen Kinderliedern erscheinen vielfach drei Jungfrauen, drei Nonnen oder drei Marien, hinter denen immer die dreigestaltige Schicksalsgöttin als Große Weberin des Geburts- und Lebensfadens steht.

Lebte also in München die mythische Drachenschlange der schwarzen Muttergöttin als Basilisk im Brunnen weiter und sie selbst im Kinderlied als verniedlichte Dreigestalt, so waren ihre heiligen Farben doch noch lange zu sehen. In diesem Zusammenhang ist das Karlstor interessant, das im Westen der Altstadt liegt. Dort soll sich bis ins 19. Jahrhundert ein Wächterhaus befunden haben. Darin zeigte man einen „steinernen unförmlich großen Kopf" mit

Die drei Grazien (Schicksalsfrauen) im Residenzmuseum von München. Darstellung auf der Hekatestatue.

Göttin Hekate im Residenzmuseum (Antiquarium).

Das Karlstor in München heute.

drei Gesichtern, nämlich mit einem schwarzen, roten und weißen Antlitz. Das Dreigesicht wurde „die drei Götzen" genannt. Es trug die Jahreszahlen 1105, 1109 und 1767 eingemeißelt. Die Leute erzählten, dass einst an der Stelle, wo sich das Karlstor befindet, ein alter Tempel stand, in dem dieser Kopf verehrt worden war. Beim Abbruch der Mauern und des Wächterhauses verschwand der Kopf spurlos.

Ein weiterer geheimnisvoller Platz war offenbar dort, wo heute die Frauenkirche steht. Einer der berühmtesten Steine darin ist der schwarze Tritt oder der sogenannte Teufelstritt – ein Abdruck am Boden der Eingangshalle. Zu sehen ist der Abdruck eines menschlichen Fußes. Verschiedene Sagen erklären die Entstehung. So soll der Teufel zornig geworden sein, als man in München diese Kirche baute. Als sie fertig war, schlich er hinein und wollte den Bau zerstören. Da glaubte er, dass der Bauherr die Fenster vergessen habe und stampfte lachend in den Boden, wo er den Fußabdruck hinterließ. Jedoch lag es daran, dass er genau an dem Ort stand, wo alle Fenster von Säulen verdeckt werden. Als der Teufel merkte, dass er getäuscht wurde, verwandelte er sich in einen Sturm und rast seitdem als heftiger Wind um die Kirche herum.

Man ist heute geneigt, die Entstehung dieser Sage ins frühe 17. Jahrhundert zu datieren. Damals wurde im Zuge der Barockisierung der Kirche das einzige, beim Eintritt sichtbare Fenster durch einen Bogen verdeckt. Andere wiederum halten den „Teufelstritt" für einen Scherz der Handwerker bei der Neupflasterung des Domes im Jahr 1671. So bemerkt Hyacinth Holland in der Monographie zur Frauenkirche von 1859: „Der sogenannte schwarze Teufelstritt aber, der nach anderer Erzählung von Herzog Christoph herrühren soll, ist ein Handwerkswitz, wie er dazumal in den verschiedensten Arten vorzukommen pflegte; was damit eigentlich gemeint war, ist uns wie so vieles Andere verloren gegangen." (S. 38) Der Teufelstritt scheint demnach aus dem 17. Jahrhundert zu stammen. Allerdings wird er voreilig als Laune eines Handwerkers abgetan. Gehen wir von der Erzählung und der Landschaft aus, kann die Teufelssage aber auch so gelesen werden, dass hier am Platz der Frauenkirche und einstigen Marienkapelle aus dem 12. Jahrhundert eine Auseinandersetzung zwischen einem christlichen Neubau und einer paganen Stätte stattgefunden hat. Zudem sollte geklärt werden, in welcher kulturgeschichtlichen Tradition der Handwerker stand, als er zu Beginn der Neuzeit diesen Fußabdruck hinterließ? In Europa und in Deutschland gibt es seit der Jungsteinzeit immer wieder Fußbildnisse auf Steinen. Häufig ging es darum, das Erscheinen einer Gottheit anzuzeigen oder diese zu veranlassen, auf dem Stein zu wandeln. Ferner sind Krönungsrituale und Initiationszeremonien mit den Fußsteinen verbunden.

Der „Teufel" in der Sage will nicht, dass der Platz der Frauenkirche überbaut wird, weil dieser Ort eine vorchristliche sakrale Stätte ist. Es gibt sogar in der keltischen Tradition ein mythisches Ritual, bei welchem mit dem Fußabdruck die Mitte der Welt oder der Nabel des Landes markiert wurde. Nigel Pennick berichtet dazu eine Begebenheit aus Mittelengland des Jahres 1943. Damals starb ein berühmter „Schausteller", und sein Sohn suchte für den

Der „Teufelstritt" in der Münchner Frauenkirche.

verstorbenen Vater den richtigen Platz auf dem Friedhof. Er nahm dabei ein Ritual vor, das der Vater ein Leben lang gepflegt hatte. Sogar die Zeitungen informierten über dieses Ereignis:

Als er kam, um den Platz für die letzte Ruhestätte seines Vaters auszusuchen, stellte sich heraus, dass der katholische Teil des Friedhofes schon gänzlich belegt war. Das um den Friedhof herum gelegene Land, das auch noch zu dem Gottesacker gehört, ist ebenfalls besonders heiliger Boden. Als nun Herr Collins das erste Grab auf diesem Boden aussuchen wollte, setzte er seinen Fuß nach vorne, hob ihn und rammte dann den Absatz tief in den Torfboden, wobei er einen tiefen Abdruck hinterließ. Dabei rief er aus: ‚Dies ist der Platz. Ich möchte, dass die Mitte des Grabes meines Vaters genau an diesem Abdruck ist.' Er erklärte dem Priester dann: ‚Sechzig Jahre lang gebrauchte mein Vater diese Worte und Gesten wann immer er einen Volksfestplatz inspizierte, um festzulegen, wo die Hauptattraktion, üblicherweise das größte Karussell, aufgestellt werden sollte. Er nahm nie Maß von dem Feld oder der Wiese, doch der ausgesuchte Fleck stellte sich jedes Mal als der genaue Mittelpunkt der Festwiese heraus. Es war sein Ritual.' (S. 141)

Zweifellos fassen wir hier einen letzten Rest einer keltischen Tradition, wie in der Landschaft die sakrale Mitte bestimmt wird. Entsprechendes kennen wir auch bei den Auguren und Geomanten der Antike. „Der Mittelpunkt der Erde" war dabei gleichzeitig der Nabel der Landschaftsgöttin, die den richtigen Partner akzeptierte, wenn er mit seinem Fuß auf den mythischen Zentrumsstein trat. Dies kann zum Beispiel auf den Hügeln von Tara nördlich von Dublin studiert werden. In München war der „Teufel" gegen den Bau der Frauenkirche, weil das Gebäude den alten Platz überdeckt, der die anfängliche Mitte des Ortes bezeichnete. Von dieser gehen die vier Himmelsrichtungen aus, aber auch die Achse, die Himmel, Erde und Unterwelt miteinander verbindet. Erst später übernimmt die Mariensäule auf dem Marienplatz diese Funktion. Sie gilt heute als Stadt- und Landesmitte. Dennoch ist die Mariensäule der sekundäre Punkt. Das eigentliche Zentrum war die Stätte der Frauenkirche, in der im 17. Jahrhundert der Fußstein erscheint. Dieser bezeichnete typologisch gesehen den Mittelpunkt von München. Gewiss wird diese Vermutung schwierig zu beweisen sein. Andererseits ist die Tradition der Fußsteine in der europäischen Kulturgeschichte bestens belegt und setzt sich häufig auch in christlicher Zeit fort.

In der Sage vom Teufelstritt wird erwähnt, dass man in der Frauenkirche vom Fußstein aus die Fenster nicht sah, folglich nicht hinausschauen konnte. Möglicherweise ist es aber gerade umgekehrt, d.h. von diesem vorchristlichen Platz konnte man sehr wohl verschiedene Beobachtungen machen. Man hatte Sicht auf weitere Plätze, die heute mit Kirchen bebaut sind. Es ist unbestritten, dass zum Beispiel die Peterskirche auf dem Petersbergl oder die Heiliggeistkirche beim Viktualienmarkt zu den ältesten Kirchen Münchens gehören und damit auf alten Stätten erbaut wurden. Ausgehend vom Zentrum der Frauenkirche, sind mir dabei verschiedene astronomische Bezüge aufgefallen. Besonders erwähnen möchte ich die Linie, die von der Frauenkirche zur Heiliggeistkirche führt und dabei sowohl das Wurmeck als auch die Mariensäule schneidet. Diese Linie verläuft zugleich mit etwa 135 Grad nach Südosten. Dieser Azimut weist für den Ort München auf denjenigen Punkt am Horizont, den man große südliche Mondwende nennt. Weiter südöstlich kann der Vollmond nicht aufgehen. Eine andere Sichtlinie führt von der Frauenkirche zum Petersbergl. Hier allerdings mit etwa 145° Südost. Drehen wir diese Peillinie bei der Frauenkirche um 90°, so erhalten wir eine klassische astronomische Beobachtungslinie von 55° Nordost und 235° Südwest. Damit ist der Sonnenaufgang an Mittsommer bzw. der Sonnenuntergang an Mittwinter am Horizont bezeichnet. Den Sonnenaufgang am 21. Dezember markiert die Linie Frauenkirche-Isartor mit etwa 125° Südost. Ich denke, dass hier ein letzter Rest einer alten Geometrie und Astronomie zum Vorschein kommt, die schon sehr früh angelegt war und sich an den Kirchenplätzen fortsetzt. Weitere Untersuchungen wären dabei sicher hilfreich. Es zeigt sich aber schon jetzt, dass der Lauf von Sonne und Mond im Alten München eine wichtige Rolle gespielt hat, ebenso die damit verbundenen jahreszeitlichen Feste der Naturzyklen mit vermutlich keltischem Ursprung.

Greifbar sind ferner verschiedene Münchner Jahreszeitenfeste, die Elemente aus vorchristlicher Tradition aufweisen. So zum Beispiel die Sonnwendfeuer, die jeweils an Mittsommer angezündet wurden. In München war es üblich, diese am Marktplatz zu errichten. Dazu schreibt Josef Mayer in seinem Stadtbuch von 1868 folgendes: „Dieser alte Brauch stammt offenbar noch aus heidnischen Zeiten, denn schon bei den alten Römern gehörte das Springen über ein angezündetes Strohfeuer zu den Ceremonien der Palesfeier. In den Zeiten des Christentumes verband sich dieser heidnische Brauch mit dem Feste des heil. Johannes, und er erscheint daher nunmehr auch unter dem Namen des Johannesfeuers. Begreiflich ist, dass auch bald der Aberglaube an dieses Feuer sich knüpfte, der noch heut zu Tage im Volke haftet. Man tanzt z.B. mit geflochtenen Kränzen um dasselbe, und wer durch einen solchen Kranz in das Johannesfeuer schaut, dem tut das ganze Jahr kein Auge weh; dem vom Feuer ungesengten Springer kommt selbiges Jahr kein Fieber bei; ein noch glühender Brand aus demselben in ein Feld gesteckt, bewahrt dieses vor Hagelschlag. Dieser religionswidrige Aberglaube veranlasste schon vor mehreren Jahrhunderten die Kirche, das Sonnwendfeuer als unchristlich zu verbieten. Dennoch aber erhielt sich dieser Brauch als harmlose Volksfreude auf dem Lande und namentlich im Gebirge bis auf unsere Zeiten, und es gewährt einen wunderherrlichen zauberhaften Anblick, am 24. Juni bei hereinbrechender Nacht auf den Höhen der bayerischen Voralpen die unzähligen Sonnwendfeuer stundenweit erglänzen zu sehen." (S. 558)

In München wurde dieses jahreszeitliche Naturritual durch die Feuerordnung von 1751 in den Häusern und auf den Gassen verboten. Argumentiert wurde nicht, dass es ein „heidnisches" Fest sei, sondern der Volksbrauch sei feuergefährlich oder holzvergeudend. Zudem war die Johannisfeier auch ein erotisches Fest, wie alle Mai- und Sommerfeste, bei dem sich die Geschlechter begegneten und die Liebe feierten. Dies war im Einklang mit der Hohen Zeit der Erdgöttin, die im mythischen Jahr der Landschaft ihre Früchte schenkte. Somit steht hinter den Feierlichkeiten an Mittsommer die im Brauchtum und in der Mythologie bekannte Heilige Hochzeit einer Landschaftsgöttin mit ihrem männlichen Partner. Interessanterweise wurden diese jahreszeitlichen Personen auch in München mit einem Liebespaar dargestellt, und zwar in einem Frühlingsbrauch. Noch bis um 1800 erschienen in der Stadt die Maibraut und der Maibräutigam, allerdings in verniedlichter, volkstümlicher Gestalt. So pflegten die jungen Männer aus der Umgebung Münchens jeweils am Pfingstmontag in die Stadt zu kommen. Dabei führten sie zwei ausgestopfte, eine männliche und eine weibliche Figur herum, die sie „Hans und Gretel" nannten. Diese Figuren waren an den entgegengesetzten Enden eines umlaufenden Rades befestigt und reichten sich wie zum Tanz die Hände. Wahrscheinlich erinnert dieses Rad an den Jahreskreis sowie „Hans und Gretel" an den grünen Mann und die Maikönigin im Frühling. Im Winter wechseln sie dann ihre Gestalt – wie die Landschaft selbst – und werden als Strohmann und Winteralte versinnbildlicht.

Frauen feiern Feste im Jahreskreis. Bildnis im Grottenhof des Münchner Residenzmuseums.

Der Grüne Mann im Grottenhof des Residenzmuseums.

Besonders der November mit seinem Allerseelentag, der Dezember mit den Raunächten, das Neujahr und der Januar mit dem Dreikönigstag stehen ganz im Zeichen der weisen Winteralten mit ihren magischen Fähigkeiten und ihrem Wissen. Gerne erscheint sie auch in Dreigestalt, nämlich als drei Mütter oder als die drei Schicksalsfrauen, die den Menschen und dem Jahr das Los zuteilen. In München und ganz Bayern erinnern verschiedene Winterbräuche an die Schicksalsgöttinnen oder an die Frau Percht, die ebenfalls als Winteralte erscheint. Jedoch kommt in den Bräuchen nicht immer zum Ausdruck, dass diese Handlungen im Zeichen der göttlichen Ahnfrauen stehen. Meistens sind es Handlungen, deren Sinn die Ausübenden nicht mehr ganz verstehen oder von der Kirche verboten und damit heimlich weiter gepflegt wurden. Besonders beliebt sind die Raunächte, d.h. die zwölf Nächte zwischen Weihnachten und Dreikönig. Dazu schreibt Josef Mayer: „Diese Nächte, und unter ihnen besonders der Vorabend oder die Nacht zum Christtag, zum Neujahrs- und zum Dreikönigstag, dann außerdem noch die Thomasnacht hält der Volksglaube für geeignet, sich mit der Geisterwelt in Verbindung zu setzen und durch geheimnisvolle und schauerliche Ceremonien in die Zukunft zu schauen und kommendes Glück oder Unglück zu erforschen." (S. 559)

Beliebt war in München das sogenannte Lößeln. Man gießt dabei geschmolzenes Blei oder Eier in ein mit Wasser gefülltes Gefäß, um sein Schicksal oder kommende Ereignisse vorauszusehen. Vor allem sind es junge Mädchen, die durch diese magische Handlung in Erfahrung bringen möchten, ob sie im nächsten Jahr einen Mann bekommen. Andere Orakel und Prophezeiungen geschehen mit Holztragen, Brunnenschauen, Spiegelschauen und geweihtem Brot. So wurde einst in München an den zwölf Nächten ein besonderes Brot gebacken, der sogenannte Rauchtecken, dem man eine geheimnisvolle Kraft zuschrieb. Am Ende der Raunächte steht das Fest von Dreikönig am 6. Januar. Am Vorabend wird in der Kirche Wasser, Salz, Kreide und Weihrauch geweiht. Mit der geweihten Kreide werden alle Türen in Haus und Stall mit den Buchstaben + C + M + B und der Jahreszahl beschrieben und dazu mit dem

Das magische Zeichen der Schicksalsfrauen am Eingang.

Weihrauch geräuchert. Dadurch soll das Anwesen gesegnet und allen „bösen Geistern“ der Zutritt verwehrt sein. Josef Mayer deutet die drei Buchstaben als die Kürzel der Dreikönigsnamen Kaspar, Melchior und Balthasar. Jedoch handelt es sich ursprünglich um das magische Zeichen der drei alteuropäischen Schicksalsfrauen (Catharina, Margaretha und Barbara), die das Haus segnen sowie den Menschen im neuen Jahreslauf das Los zuteilen.

DER KULT DER HEILIGEN BÄUME

Wenige Kilometer von Landeck im Tiroler Dorf Nauders stand einst der berühmte heilige Baum in einer Wiese. Heute erinnert daran ein Wegweiser, worauf der Flurname und die Höhenangabe „Heiligbaumboden 1620 m“ geschrieben steht. Unmittelbar südlich befindet sich ein kleiner Hügel, der sogenannte Schlosshügel. Im 19. Jahrhundert soll man noch Mauerreste gesehen haben, die als

Reste des Baumschlosses galten. Im Winter 1855 wurde die alte, von Wind und Wetter zerrissene Lärche vom damaligen Besitzer umgehauen, so dass nur noch der Stock übrig blieb. Die Verehrung dieser Lärche war sehr vielfältig. So wurden von ihr die kleinen Kinder geholt, d.h. die verstorbenen Ahnen wurden hier am Seelensitz des Baumes von den Frauen empfangen, um sie als Neugeborene wieder ins Leben der Sippe zu bringen. Dies entspricht ziemlich genau der animistisch-totemistischen Weltsicht, wonach die Welt als beseelt aufgefasst wird und der heilige Baum als ein Naturwesen bzw. eine Baum-Person gilt. Aber nicht nur der Baum war sakral, sondern auch das Feld darum herum. Aus seiner Nähe sollte man kein Holz entnehmen – aus Ehrfurcht vor dem Ort. Selbst bei öffentlichen Holzverteilungen wollte niemand Holz aus dem Umkreis des Baumes erhalten. Dies erinnert an einen ehemaligen, heiligen Hain oder an ein keltisches Nemeton, worin die Ahnengeister, die Göttin Nemetona und ihr grüner Mann um Rat und Segen angerufen wurden. Dazu passt auch gut, dass es ein Frevel war, beim Baumbezirk zu lärmen, zu schelten oder zu streiten. Ein solches Verhalten würde den Ort entweihen, denn der Hain galt als ein Platz der Ruhe und des Friedens. Ferner kommt die totemistische Weltanschauung zum Ausdruck, indem man glaubte, dass der Baum blute, wenn man ihn verletzen würde: ein Hieb gehe in den Baum und zugleich in den Körper des Frevlers. Ja der Hieb dringe in beide gleich ein, und Baum und Leibwunde bluten gleich stark. Zudem heile die Wunde am Körper nicht eher, bis auch die Verletzung am Baum vernarbe. Damit ist ein Gleichklang von Baum und menschlichem Körper gegeben, was eine animistische Allverbundenheit bedeutet.

Wie schon erwähnt, liegen nicht weit vom heiligen Baum die wenigen Ruinen des Baumschlosses. Auch dieses „Schloss" ist eine sagenumwobene Stätte, die mit dem geweihten Bezirk einher geht. Das Schloss soll „verwünscht" sein und mit samt seinen unermesslichen Schätzen an Gold und Silber in den Boden versunken sein. Das klingt nach den in den Untergrund verschwundenen drei Jungfrauen, und tatsächlich wird erwähnt, dass zwei bzw. drei „verwünschte Fräulein" den Schatz hüten und sich öfters den

Wanderern zeigen, die aufgefordert werden, den Schatz zu heben. Überhaupt kommen dort seltsame Dinge vor. So fuhr einmal ein Bauer mit seinem Heu spät am Abend am Schloss vorbei. Da sah er am Weg eine Wanne voller weißer Zähne(?). Er achtete ihrer nicht und schob sie mit dem Fuß bei Seite. Seine Frau jedoch steckte drei Zähne in den Sack. Als sie zuhause war, fand sie darin drei Goldstücke.

Ebenso erwähnt Friedrich Panzer in seinen „Bayerischen Sagen" das Baumschloss auf dem Baumboden: „Bei Nauders in Tirol auf dem heiligen Baumschloss, auch Baumboden genannt, wohnten in alten Zeiten drei Jungfrauen, eine davon halb schwarz, halb weiß. Im heiligen Baumschloss ist ein großer Schatz. Als einst die Burschen bei dem heiligen Baumschloss das Johannisfeuer anzündeten und drüber sprangen, näherte sich eine Jungfrau und rief: ‚Johannes!' es war einer unter den Jungen dieses Namens. Dieser trat zur Jungfrau und sie sprach: ‚Folge mir! wenn wir am rechten Ort angekommen sind, so ziehe dich nackt aus. Ich werde dann als Schlange erscheinen und dreimal an dir hinaufkriechen. Fürchte dich nicht, du kannst mich erlösen und der Schatz ist dein.' Zweimal hielt es der Bursche aus, beim dritten Mal schauderte es ihn und alles war verschwunden." (Bd. 2, Nr. 239)

Diese Sage ist umso bemerkenswerter, da sie uns in ihrer schlichten Ausdrucksweise erzählt, was unter anderem auf dem Baumboden-„Schloss" gefeiert wurde. Einerseits wird geschildert, wie die Frau mit der Schlange ihren männlichen Partner erwählt und ihm eine Initiationsprobe stellt, die er in vorchristlicher Zeit auch durchaus erfüllte. Die Schlangenfrau verweist dabei auf den Doppelaspekt der Erdgöttin, denn sie erscheint sowohl als junge Erdschöne als auch als „abschreckende" weise Alte, worauf die Schlange hindeutet. Diese weibliche Doppelgestalt ist es, die meistens im Frühjahr ihren Maikönig wählt und durch eine Aufgabe initiiert. Andererseits ist auch das Johannisfeuer erwähnt. Wie wir gesehen haben, steht dahinter die erotische Feier der Heiligen Hochzeit an Mittsommer, was ebenfalls in der Sage angetönt wird. Denn die Aufforderung der „Jungfrau" – der Priesterin im Dienst der Erdgöttin – an den jungen Burschen ist ziemlich deutlich. Im heiligen Hain wurden demnach auch Rituale des mythischen Jahres gepflegt, was durch ähnliche Sagenüberlieferungen immer wieder zum Ausdruck kommt.

In Tirol wurden die drei Saligen – wie die drei Schicksalsfrauen dort heißen – nicht nur auf Bergen, in Gletschern oder in Höhlen verehrt, sondern auch in heiligen Bäumen. Besonders wenn es sich um drei Stämme aus einer Wurzel handelte, galten diese Stämme als Verkörperungen der jungen, der mittleren und der alten Salige. In Thüringen bei Bollstedt liegt Loh, wo sich nach der Sage die drei Lohjungfrauen aufhalten. Es sind also die drei Frauen des heiligen Haines Loh oder Lucus, wie ich schon bei der Aubinger Lohe erläutert habe. Die Lohjungfrauen sitzen an einem goldenen Tisch – sie hüten folglich wie überall einen „Schatz", d.h. die Früchte der Erde. Einst haben sie den Armen alles vermacht, aber die Ratsherren nahmen es ihnen wieder ab. Seitdem können die drei Frauen keine Ruhe finden.

Einen heiligen Baum ähnlich wie in Tirol gab es auch in Bad Tölz südlich von München. Nur wissen wir hier viel weniger über dessen Bedeutung. Die mächtige Tanne stand auf dem Kalvarienberg unweit hinter der Leonhardkapelle, wo das „Pfannholz bis an die Leite herankommt". Zum heiligen Baum wurden Wallfahrten unternommen, entsprechend war er mit unzähligen Bildern und Votiven behängt. Jeweils am Leonhardstag (6. November) kamen die jungen Männer von Tölz herauf, ritten dreimal um den Baum und sprengten wieder hinab zum Markt. Leider wurde die Tanne vom Blitz getroffen. Heute soll sich ein Erinnerungsstein mit der Aufschrift des Stifters F.H. an der Stelle befinden. Zum heiligen Baum von Bad Tölz gesellen sich drei Tannen bei Lenggries, das nur ein paar Kilometer südlich von Tölz liegt. Dort sollen hinter der Hohenburg am mittleren Weiher drei Bäume auf freiem Platz gestanden haben, der „bei den drei Jungfrauen" hieß. Eine Sage erwähnt, diese seien hier verzaubert.

Die Gründungslegende von Ebersberg im Osten Münchens berichtet von einem Eber, der von einem Grafen während der Jagd aufgebracht wurde. Das besonders große Tier verschwand in einer Höhle unter einer alten Linde. Über der Höhle soll sich eine „heidnische Kultstätte" befunden haben. An der Stelle der gefällten Linde ließ der Graf um 880 eine Marienkapelle und eine Burg errichten. Nicht weit von Traunstein liegt Waging mit der Wallfahrtsstätte Mühlberg. Hier soll eine junge Frau 1669 eine Erscheinung gehabt haben: Auf dem Weg von Waging nach Mühlberg hätte sie bei einem Birnbaum eine „wunderschöne, von Glanz umgebene Frau" gesehen. Diese „weiße Frau" muss nicht unbedingt ein Abbild der Ettaler Madonna sein, wie behauptet wird, sondern kann auch an einen alten einheimischen Baumkult erinnern, in dem eine Landschaftsahnin in einem heiligen Baum verehrt wurde. Erst später ist dann aus der Baumgöttin die christliche Muttergottes geworden.

In der Region München wird der animistische Baumkult im christlichen Rahmen fortgesetzt. Dabei ist zu unterscheiden, ob es sich um einen alteingesessenen Ort mit einem Baumkult handelt,

Zauberhafter Baum im Morgenlicht. Umland von München.

der dann christianisiert wurde, oder ob die Idee des angestammten Baumkultes aus keltischer und bajuwarischer Zeit auf eine besondere Stätte übertragen wurde und im christlichen Gewand fortwirkt. Eine solche Übertragung scheint mir die Wallfahrtsstätte Maria Eich der Gemeinde Planegg im Westen von München zu sein. Ein Ort, der übrigens gar nicht so weit entfernt ist von der Aubinger Lohe. Gemäß der Gründungslegende soll der Sohn des Schmiedes 1710 ein Marienbild in eine hohle Eiche gestellt haben. Bald darauf, um 1733, soll dann eine Frau, die auf dem Planegger Hof in Dienst stand, durch die Eichenmaria geheilt worden sein. Ein Jahr später war der Zulauf so groß, dass eine Hütte gebaut wurde. Ein weiteres Wunder geschah, als 1775 ein gejagter Hirsch bei der Kapelle der Eichenmadonna Zuflucht fand und verschont wurde. Heute ist die Eiche hinter Glas sichtbar.

Einer der jüngsten Baumkultstätten liegt im Ortsteil Kleinkarolinenfeld der Gemeinde Aying südlich von München. Dazu schreibt Dieter Ahlborn in seinem Manuskript: „Einige Meter nach dem Waldrand des Hofoldinger Forstes bei Kleinkarolinenfeld steht in einer kleinen Lichtung einige Meter hoch der Rest einer einst mächtigen Eiche, überdeckt mit einem schützenden Dach und umbaut mit einer hölzernen Kapelle. Im Jahre 1898 wurde in einer künstlichen Nische des Baumes eine fast Meter hohe, aus einer ‚lebendigen' Eiche geschnitzte Marienstatue aufgestellt und unter zahlreicher Beteiligung der umliegenden Bevölkerung geweiht. Anfang des 20. Jh. wird von der Marieneiche berichtet: ‚...seitdem ist sie als Marien-Eiche der Anziehungspunkt für viele Andächtige, denn im Sommer wird fast allsommerlich eine Vesper bei ihr abgehalten. Als eine Art Waldkapelle birgt die Eiche viele fromme Spenden, wie geweihte Kerzen, Blumen und Bilder. Bis hoch hinauf sind ihre alten dürren Äste samt dem Stamme mit grünen Mooskränzen und Gewinden behangen'."

Historisch weiter zurück kommen wir in Weipertshausen nördlich von Münsing unweit des Starnberger Sees. Nahe des Dorfes fällt ein Moränenhügel mit einer romantischen Anhöhe auf. Hier oben thront man über dem Blauen Land der bayerischen Voralpen mit seinen Seen, Feldern und dem wunderbaren Panorama der

Alpen. Somit ist es verständlich, wenn Andreas Scherm bewundernd schreibt: „Sofort fühlen wir uns umfangen von der mystischen Aura dieses archaischen Kulthügels... Hier heroben, an diesem wirklich paradiesischen Flecken Erde, bietet sich ein sphärisch dimensionierter Ausblick, von den Uferhöhen des Starnberger Sees, dessen Nähe man förmlich riecht, hinüber zum Alpenkamm." Auf dem paradieshaften Hügel wurde 1608 eine Kapelle errichtet, die dem heiligen Koloman gewidmet ist. Doch das Gebiet hat eine noch viel ältere Geschichte. In der Region von Münsing und auch von Weipertshausen liegen zahlreiche Grabhügel aus der Hallstattzeit (750 v.u.Z.). Diese gehören zu den ältesten Siedlungsspuren der Ortschaft, denn Münsingen selbst wurde erst Anfang des 6. Jahrhunderts bajuwarisch, also mehr als 1200 Jahre nach den eisenzeitlichen (keltischen) Grabhügeln. Als besondere Plätze gelten nebst dem Kolomanshügel somit das weitläufige Grabhügelfeld nordwestlich von Weipertshausen und der Schwarze Weiher, der sich vom Hügel aus hinter dem benachbarten Waldsaum befindet.

Baum im heiligen Hain von Weipertshausen.

Der anschauliche Moränenhügel mit seinen gigantischen Linden und Rotbuchen gilt als eine Art heiliger Hain, höchstwahrscheinlich als Kulthügel im Zusammenspiel mit den Grabhügeln. Jedenfalls ist es unvorstellbar, dass die frühe Bevölkerung die Anhöhe und die wundervolle Lage nicht entdeckt hätte. Und die Menschen haben sicher bemerkt, dass vom Hügel aus die Zugspitze am Horizont eine sehr markante Felsformation bildet. Früher hieß dieser Berg „Schartten" wegen seines auffallenden Geländeeinschnittes. Meines Erachtens war er ein mythischer Berg, auf den vom heiligen Hain aus Bezug genommen wurde.

Leider sind uns vom Weipertshausener Kulthügel keine Sagen überliefert. Jedoch sah man in diesem Hügel wahrscheinlich die Anderswelt verdeutlicht. Der heilige Koloman als ein „lebender Leichnam", der nicht verweste, könnte an diese Tradition anknüpfen, wie aus seiner Heiligenlegende ersichtlich ist. Zudem liegt im Osten nur wenige Kilometer vom Kulthügel entfernt Wolfratshausen mit dem Schlossberg. Von diesem Berg berichtet Johann Sepp eine Mythensage: Im tiefen Burggewölbe schlafen „drei Fräulein" in drei Betten, darunter eine Blinde. Ferner ist eine halb schwarz und halb weiß, während ein schwarzer Hund mit glühenden Augen einen versunkenen Schatz bewacht, den die beiden sehenden Frauen mit einem Metzen zu ihrem Vorteil ausgemessen haben. Sie gehen zur Sonnwende nachts auf dem alten Schlossberg in Grünwald um. An der Seite haben sie den Spinnrocken, den schwarzen Hund hinter sich, während der Hahn aus der Tiefe kräht. – Dazu meint Sepp: „Es sind im Glauben der alten Bayern die drei Nornen oder Schicksalsschwestern, die über Geburt, Leben und Tod entscheiden." (S. 275) Gerade in dieser Region mit den vielen Grabhügeln bietet sich die Sage der Jenseitswelt als mythologische Erklärung an.

Ähnlich wie in Maria Eich von Planegg finden wir in Maria Birnbaum von Aichach-Sielenbach bei Augsburg eine Übertragung der keltischen bzw. bajuwarischen Baumkultidee. Ein Gemälde am Eingang der Kirche macht gleich auf die besondere Geschichte dieses Ortes aufmerksam. Außerdem finden sich an den Altären mehrere Votivtafeln, auf denen die Muttergottes in einem Baum sitzt. Das allerheiligste Naturdenkmal jedoch verbirgt sich hinter dem Altar. Dort ist der Stamm des Birnbaums zu entdecken, worin in einer Nische das berühmte Marienbildnis (als Kopie) zu sehen ist. Interessanterweise spricht der Kirchenführer nicht von einem Birn- sondern von einem Lindenbaum. Die Geschichte dieses Wunderortes ist recht einfach gehalten, und sie wiederholt sich hundertfach in Europa. So sollen schwedische Soldaten aus einem Weinberg des Schlosses Stuntzberg das Marienbild geraubt und weggeworfen haben. Es sei dann im Jochmoos gelegen (30 km östlich von Augsburg) und sei dort von einem Hirten gefunden worden. Dieser habe es 1632 in den hohlen Baum gesetzt, von dem aus Heilungswunder geschehen seien. Berichtet wird von einer taubstummen und von einer verwirrten Frau, die beide geheilt wurden. Bald nannte man den Ort „Unserer Lieben Fraw im Pürnbaum".

Baum mit Schoßöffnung im Münchner Umland.

Solche Kultbäume haben meistens eine vulvaförmige Öffnung, die den heiligen Schoß der alten Baumgöttin versinnbildlicht. Diese Baumgöttin ist als Landschaftsahnin die Herrin über Leben, Tod und Neubeginn. Wenn sie heilt, bedeutet dies auch gleichzeitig, dass die Baumahnin ein neues Leben schenkt und damit verbunden der Person ein neues Schicksal bestimmt. Ähnliche Öffnungen und Durchgänge finden wir an Steinen, Felsen, Höhlen und hohlen Bäumen. Mit dem Brauch des Durchschlüpfens ist auch die Idee des Sterbens und der Wiedergeburt verknüpft. Denn das Hineingehen in den Leib der Erdgöttin bedeutet eine todesähnliche Erfahrung, eine Verjüngung (Heilung) durch die Lebenskraft der Ahnfrau sowie beim Herausschlüpfen eine Wiedergeburt. Das Volk hat solche Zusammenhänge durchaus gesehen und die einheimische Baumgöttin unterschwellig weiter verehrt. Mit dem Anbringen eines Marienbildes sollte dieser Baumkult in christliche Bahnen gelenkt werden.

Ein schönes Beispiel dazu finden wir in Puch bei Fürstenfeldbruck im Westen von München, wo sich nicht Maria als Baumheilige in einer hohlen Linde zeigt sondern die „Prinzessin" Edigna. Am Ort befindet sich eine kleine Anhöhe als Hauptverehrungsstätte der Edigna. Darauf gebaut wurde eine Sebastiankirche, in der das Leben der Seligen beschrieben ist. Gerade anschließend entdeckt man die sehr alte hohle Linde, in deren Öffnung die geheimnisvolle Frau gelebt habe. Die Legenden berichten: Edigna soll eine Königstochter aus Frankreich gewesen sein. Als sie verheiratet werden sollte, floh sie nach Deutschland, denn sie gelobte ewige Jungfräulichkeit. Sie reiste wie eine Bettlerin auf einem Ochsenkarren. Eines Tages ertönte ihre Glocke, und ihr Hahn krähte, als ihr Karren an der Linde von Puch vorbei zog. Sie sah dies als ein Zeichen und lebte 35 Jahre lang als Einsiedlerin in der hohlen Linde. Sie unterwies das Volk, unterrichtete im Lesen und Schreiben und half in vielen Nöten. Bei ihrem Tod am 26. Februar 1109 floss aus der Linde ein heilendes Öl. Auch bewirkte sie nachher noch viele Wunder bei Mensch und Tier.

Die heilige Linde der Edigna von Puch.

Die Baumheilige Edigna in der hohlen Linde von Puch.

Es ist durchaus möglich, dass es eine historische Frau namens Edigna gegeben hat. Allerdings gehört die legendenhafte Baumselige auch in den Bereich der Mythologie, wo sie sehr viele Züge einer Baumgöttin annimmt oder einen einheimischen Baumkult mit christlichen Vorzeichen in Puch fortsetzt. In der Edigna-Forschung wird dabei auf folgendes hingewiesen: „Die Edigna-Linde gilt als tausendjährige Linde. Von manchen wird sie auf ein Alter von 1200 Jahren geschätzt. Sie wäre damit so alt wie die im 8. Jh. bezeugte Kirche, die damals dem Erzengel Michael geweiht war. Kirche und Linde stehen so dicht beisammen, dass sie sich berühren. So manches in der Legende rückt Edigna in die Nähe einer heidnischen Göttin, die ähnlich wie eine Dryade im Baum verehrt wurde. Dazu zählt, dass sie eine jungfräuliche Königstochter war, dass sie mit einem Ochsenkarren wie Nerthus über das Land fuhr, dass ein Hahn ihr Tier war, sie 35 Jahre lang im Baum lebte und dass die Linde nach ihrem Tod ein heilendes Öl absonderte. Gegen den ausgeprägten Baumkult der Germanen musste die Kirche lange kämpfen und schlussendlich, weil das Volk nicht davon lassen wollte, einige Baumheiligtümer christianisieren." (Puch)

Im 19. Jahrhundert hat man, wie damals üblich, hinter Edigna die Göttin Hulda oder Frau Percht gesehen. Da sie aus „Frankreich" stammt, wäre auch denkbar, dass sie in einer keltischen Tradition steht. Gemäß ihrem Erscheinungsbild könnte man sie als Priesterin im Dienst einer Vegetations- und Baumgöttin betrachten, so dass ihr historisches Leben und die mythologische Überlieferung eins werden. Dies ist bei einer mit sakraler Kraft erfüllten Person keine Seltenheit. Jedenfalls bleibt die Tatsache, dass zwischen Edigna und der Linde eine Symbiose besteht, die unter den christlichen Heiligen außerordentlich ist.

QUELLEN UND GEWÄSSER

Das Wasser als Quelle des Lebens spielt in der Naturverehrung neben den Bäumen und Steinen eine herausragende Rolle. Kein anderes Element wurde so hoch geschätzt, ist es doch mit Heilung, Gesundheit und Nahrungsspende verbunden. An warmen Quellen sucht man die Heilkraft des Wassers, aus dem auch geweissagt wurde. Ferner galten Gewässer als Kinderbrunnen bzw. als Aufenthaltsorte von Ahnenseelen. Eine Quelle zu verunreinigen, war einer der schlimmsten Frevel, den ein Mensch begehen konnte. Die Reinheit des Wassers galt als hohes Gut, und besonders das Wasser im Frühling wurde geschätzt, denn dann sprudelt es unmittelbar aus dem Schoß der Mutter Erde hervor und macht das Land wieder fruchtbar. Nebst dem Kinderbrunnen war auch der Jungbrunnen beliebt, was mit der Vorstellung zusammenhängt, sich durch ein entsprechendes Bad zu verjüngen. Gerade ein Bad in der mittsommerlichen Johannisnacht versprach die höchste Genesung, denn zu dieser Zeit stand der Himmel für kurze Zeit offen. Am Wasser wurde zudem getanzt, Lichter angezündet, Stoffe angebracht und Gericht gehalten. Die Quellöffnung selbst gilt als Zugang zur unterirdischen Anderswelt, wohin sich das lebensspendende Nass im Winter zurückzieht und im Frühjahr wieder hervorquillt. Die vielen Gaben an die Quelle belegen, dass sie als Stätte eines „Ortsgeistes" aufgefasst wurde, als Sitz des Genius Loci, den man sich weiblich vorstellte. Die vielen Wassergöttinnen verdeutlichen die Auffassung einer beseelten Welt. Später erscheinen sie in der Sagenliteratur als verniedlichte Nixen und Nymphen. Die animistische Sichtweise mit ihrer Personifikation und Verkörperung der Landschaft ist aber immer noch erkennbar. Dies gilt übrigens auch für Flüsse, die als Lebensadern der Landschaft aufgefasst wurden. Ein schönes Beispiel ist die Seine in Frankreich, die ihren Namen von der keltischen Göttin Sequana erhalten hat. Ihr Quellgebiet im heutigen Burgund war mit Gaben übersät. Interessant ist auch der Rhein, den uns die Römer mit ihrer patriarchalen Sichtweise als „Vater Rhein" überliefern. Dagegen sprechen aber neuere Funde mit dem Namen „Matronae Renahenae", also die Rhein-Mütter bzw. die Göttinnen des Rheins. So relativeren sich viele Namendeutungen, wenn wir sie kritisch betrachten. Außerdem sind wir wieder bei den drei Schicksalsfrauen angelangt, die hinter den Rhein-Matronen stehen.

In München befand sich ein sagenumwobener Brunnen am sogenannten Spiegelbrunneneck. Wie schon erwähnt, hauste darin ein Basilisk, eine Drachenschlange, die am Grund des Brunnens saß. Die Drachenschlange ist ein Tier der Unterwelt, gleichzeitig ein Symbol der Gewässer sowie der Wandlung, des Todes und der Erneuerung. Somit war dieser Brunnen ein Zugang zur unterirdischen Welt, die leider zunehmend dämonisiert wurde, wie auch das Schicksal des Basilisken zeigt. Ferner ist in München der Glockenbach mit den drei Schicksalsfrauen verbunden, aus dem die kleinen Kinder geholt wurden. In München gesellt sich zum Basilisken ein Flussgeist, die sogenannte Isarnixe. Sie wird unterschiedlich beschrieben, so zum Beispiel als „ein unsichtbarer neckischer Geist, der aus einem der Gebüsche der Sandbänke oder mitten aus dem Fluss pfeift." Andere wiederum zeichnen ein romantisches Bild ihrer Gestalt: Sie hatte blondes Haar, auf dem die Sonnenstrahlen grün-goldene

Wasserfrau als „Isarnixe" im Münchner Hofgarten.

Lichter tanzen ließen, grünschimmernde Augen, trug ein grünseidenes Kleid, das mit wasserhellen Edelsteinen bestickt war, und grüne Schuhe. Der Lieblingsaufenthalt der Nixe war das Isarwehr bei der Marienklause. Bei Hochwasser oder wenn die Flößer vorbei manövrierten, holte sie sich gerne einen Mann zu sich in die Tiefe. Diese war wie schon beim Spiegelbrunnen die unterirdische Anderswelt, die man sich als „Schloss“ oder paradiesische Welt vorstellte, wo Gesang, köstliche Speisen und Reichtum vorherrschten.

Die Isarnixe ist wie alle Flussgöttinnen durchaus ambivalent. Einerseits schenkt sie das neue Leben, indem aus ihrem Gewässer die kleinen Kinder als Ahnenseelen geholt werden. Andererseits verlangt die Wassergöttin jedes Jahr eine Gabe oder einen Menschen, der in den Fluten zu ihr gelangt. Handelt es sich dabei um einen Fürsten, wird dieses Ritual als Vermählung mit dem Wasser dargestellt, was in der Mythologie auch als Liebestod bekannt ist. Johann Sepp (S. 361) erwähnt, wie einst jeder altbayerische Herzog bei seinem Regierungsantritt sich mit dem unergründlichen Walchensee verband, indem er einen Ring versenkte. Vom Ammersee wird überliefert, dass man einen goldenen Ring hineinwarf, um sein Austreten zu verhindern. Dieses Motiv wiederholt sich im Bayerischen Wald am Dreisesselberg. In den See anbei warf man einen goldenen Ring, um den Sturm zu besänftigen. Das bekannteste Beispiel aber bietet Venedig, wo der Doge der Königin des Meeres seinen Ring in die Wellen warf und sich so mit der hohen See vermählte.

Zu den klassischen heiligen Quellen im Umkreis von München gehört zum Beispiel die Bründlkapelle von Haimhausen im Norden der Großstadt. Dieses Bründl liegt etwa einen Kilometer von der Pfarrkirche entfernt Richtung Amperpettenbach im Breitholz, am Hang oberhalb der Amper, in der Nähe der Sportplätze. Dennoch ist es ein ruhiger Ort. Das Wasser schmeckt köstlich und eignet sich sehr gut als Trinkwasser. Vor allem bei Augenleiden wird die Bründlkapelle mit ihrem Heilwasser aufgesucht, gleichzeitig soll es auch ein Jungbrunnen sein. Die Quelle tritt an der nordwestlichen Außenwand der kleinen Kapelle aus.

Der Ammersee verlangt einen Ring als Gabe.

Weiter westlich von Haimhausen befindet sich Altomünster, wo in der Nähe die Brunnenkapelle zu entdecken ist: Man fährt Richtung Pipinsried, von dort geht es rechts nach Wagenried. Unmittelbar nach dem Ortsausgang Richtung Langenpettenbach bzw. Markt Indersdorf geht ein Feldweg rechts hinab zur Waldsenke. Ein Schild weist auf die Brunnenkapelle hin. Der Ort ist mittlerweile viel besucht, worauf auch die zahlreichen bunten Bänder an den Bäumen hinweisen. Sie wurden von Leuten angebracht, die einen Wunsch haben. Die Quelle selbst entspringt in einer kleinen überdachten Grotte, und auch dieses Wasser soll bei Augenleiden helfen. Es wird von unzähligen Menschen in Flaschen mitgenommen.

Einer der romantischsten Quellorte liegt bei Glonn im Südosten von München. Zu finden ist das unterdessen berühmte Frauenbrünnl zwischen Weiterskirchen und Berganger. Das begehrte Wasser sprudelt an der Westseite der kleinen Kapelle, wo sich die Quellfassung befindet. Es soll die Lebenskraft steigern,

Das Quellheiligtum Frauenbrünnl bei Glonn.

die Gesundheit erhalten und ein hohes Alter bewirken. Ebenso helfe es gegen Augenleiden und soll früher als Mittel gegen die Pest eingesetzt worden sein. Eine Tafel unmittelbar über der Schöpfkelle weist jedoch darauf hin, dass es „kein Trinkwasser im rechtlichen Sinn" sei. Dazu schreibt Sven Eisermann: „Die kleine Marienkapelle mit vorgelagerter Quelle liegt in einem romantischen Tal in der Nähe der Ortschaft Piusheim. Das Wasser sprudelt direkt aus dem Boden vor dem Kirchlein. Auch das Frauenbrünnl war früher ein abgelegener Ort, an dem sich hin und wieder ein Wandersmann erfrischte. In den letzten Jahren entwickelte sich die Quelle zu einer der beliebtesten ‚Wasser-Wallfahrtsstätten' zwischen München und Rosenheim. Trotz des Schildes ‚Kein Trinkwasser' schwören viele Menschen aus nah und fern auf die gesundheitsfördernde Wirkung des kühlen Nass. Wer die Quelle besucht, sollte auf dem dafür vorgesehenen Parkplatz parken, den schönen Weg durch den Buchenwald nehmen und die Felder der Anwohner in Frieden lassen. Leider kam es hier in den vergangenen Jahren immer wieder zu Konflikten zwischen Quellbesuchern und Anwohnern." Die Entstehungsgeschichte dieses Quellortes geht in das 17. Jahrhundert zurück, als die Stätte der Maria geweiht wurde. Andere wiederum sehen einen Ursprung in der keltischen Epoche, da der Ortsname „Glonn" auf diese Zeit hinweist.

Möglicherweise führt die Geschichte des heiligen Berges Andechs zwischen Starnberg und Ammersee ebenfalls in die keltisch-römische Zeit. Steigt man vom Parkplatz die Bergstraße hoch zum Kirchplatz, führt eine Treppe von dort bergab zum Wallfahrtssteig. Rechter Hand geht es zum Kiental hinab, wo man auf halbem Weg zur Elisabethquelle gelangt. Es ist ein romantischer Ort mit wechselvoller Geschichte. Über der Quelle stand bis zu Beginn des 18. Jahrhunderts eine kleine Kapelle, dann folgte ein größerer Kirchenbau Mitte des 19. Jahrhunderts. Aus dieser Zeit stammt das neugotische Sandsteinmonument als Rest der Bauten. Es zeigt die heilige Elisabeth von Thüringen mit einem Korb in

Die Elisabethquelle am Weg vom Berg Andechs ins Kiental.

der Hand, wie sie einem Armen Brot reicht. Eine Schrift aus dem 16. Jahrhundert belegt, dass in Andechs schon vorher eine heilige Beth verehrt wurde, nämlich „sant ainbeten" bzw. Anbeth. Es handelt sich um eine der drei keltisch-römischen Muttergöttinnen Anbeth, Wilbeth und Borbeth, der wahrscheinlich die Quelle am Westhang des Andechser Berges geweiht war. Aus der vorchristlichen Anbeth wurde die heilige Ainbet und aus der Bethenquelle in der Neuzeit die Elisabethquelle.

Die Spurensuche in Andechs geht aber noch weiter. So gilt der Besuch einer dunklen Kapelle als Geheimtipp. Gemeint ist die Anna-Selbdritt-Kapelle, die man vom Klosterladen durch den Torbogen und dann gleich links durch eine unscheinbare Glastür erreicht. Anna-Selbdritt (mit Maria und Kind) gilt als eine der vielen christlichen Darstellungen der alteuropäischen dreigestaltigen Schicksalsgöttin, so wie die Kirche versuchte, dem gläubigen Volk die heilige Dreiheit Fides, Spes und Caritas als Frauendreiheit zu unterbreiten. Dadurch sollten die alteingesessenen „drei Schwestern", die im „Aberglauben" der Menschen fortleben, in Vergessenheit geraten und durch christliche Gestalten ersetzt werden. Ebenso gilt in der Religionswissenschaft die heilige Anna als Nachklang der keltischen Ana-Beth bzw. Ainbet.

Nicht weit von Andechs entfernt liegt Wessobrunn südwestlich des Ammersees. Schon der Name verrät uns, dass es sich um einen Quellort handelt. Gleichzeitig ist auch von einer berühmten Linde die Rede. Baum- und Wasserkult liegen hier nahe beieinander. Wer heute im Klosterhof ankommt, entdeckt im Nordwesten ein Brunnenhaus aus dem 18. Jahrhundert sowie drei in Kreuzform angeordnete Wasserbecken. Das Kloster selbst wurde südlich der drei an einem Hang austretenden Quellen gebaut. Zu diesen gibt es eine phantasievolle Gründungslegende: Der bayerische Herzog Tassilo III. soll im Jahr 753 als Zwölfjähriger im Rottwald zwischen Ammer und Lech auf der Eberjagd gewesen sein. Als er unter einer Linde ruhte, träumte er von drei Quellen, die in kreuzesform (in vier Richtungen) zusammenflossen. Darüber erhob sich eine Himmelsleiter, an der Engel auf- und niederstiegen. Am

Eine der drei Quellen von Wessobrunn.

Das Brunnenhaus von Wessobrunn mit den Becken.

oberen Ende stand Petrus und sang ein Offizium. Als der Junge am nächsten Tag erwachte, ließ er nach den sonderbaren Quellen suchen, denn er verstand seinen Traum als himmlische Weisung, an der Stelle ein Kloster zu Ehren des hl. Petrus zu errichten. Sein Jagdgefährte, der Wesso hieß, fand die drei Quellen. Und so wurde das Kloster „Wezzofontanum" (Wessobrunn) genannt.

Diese fromme Legende wurde im 11. Jahrhundert vom Kloster Sankt Emmeram aus verbreitet. Sie ist zwar nicht sehr originell, dennoch zeigt sie, wie ein alter Kultplatz mit drei Quellen christianisiert wurde. Ursprünglich verehrten die Menschen hier drei Schicksalsfrauen, die in keltischer Zeit *Bethen* genannt wurden. Im 8. Jahrhundert weihte man den Platz dem Apostel *Petrus* – eine Umweihung durch Gleichklang, was schon oft an Plätze mit einem Dreijungfrauenkult erinnert hat. Zwar sind diese an den Quellen vertrieben, jedoch im Umkreis in der Erinnerung fassbar. So stand auf dem Bichel in Forst bei Wessobrunn einst ein Schloss, das in einer Schlacht untergegangen sei. Dort lebten drei Schwestern, wovon eine blind war. Am Ort soll noch ein Schatz vergraben sein. Ferner wuschen im Lenzleswald bei Ludenhausen nahe Wessobrunn „drei schneeweiße Fräulein" (Sepp 479): Auf einem Hügel in diesem Wald stand einst ein Schloss, das von drei weisen Fräulein bewohnt war. An seinem Fuß sprudelten drei Quellen, an denen die Drei ihre Wäsche wuschen. Im Innern des Hügels bewacht ein schwarzer Hund mit feurig glühenden Augen einen großen Schatz. Im 19. Jahrhundert förderten Grabungen einen sogenannten „Feuerhund" zutage. Es handelt sich dabei um einen eisernen Dreifuß in Tiergestalt mit drei Füßen, auf dem man zum Beispiel Kräuter verbrennen konnte. – In Wessobrunn selbst sei im Kloster noch lange die Rede von „drei hochberühmten Klosterfrauen" gewesen, die sagenhafte Züge von drei guttätigen Stifterinnen annehmen.

Vom Brunnenhaus führt ein Fußweg in etwa zehn Minuten zu einer alten Linde, die Tassilolinde genannt wird. Es handelt sich um eine Winterlinde mit einem stattlichen Umfang von

14 Metern. Der Herzog soll unter diesem Baum geruht und den Traum mit den drei Quellen gehabt haben. So alt kann jedoch die Linde nicht sein. Trotzdem gilt sie als Naturwunder und wird als ein heiliger Baum verehrt. Weniger bekannt ist, dass Tassilo in seinem Leben noch einen weiteren Traum hatte, den ich für viel archaischer halte als die legendenhafte Geschichte. Zudem erscheinen in der Schilderung die wirklichen Ortsgeister auch von Wessobrunn. Die Sage berichtet nun, wie der Herzog einmal vom Kloster nach Regensburg reiten wollte. Da musste er wegen eines Gewitters sein Nachtlager aufschlagen. Während er schlief, beobachtete ein Diener, wie sich im Mondschein aus dem Mund des Fürsten eine kleine Schlange wand, sich eilig durch ein Moos schlängelte, im dunklen Wasser verschwand, jedoch nach kurzer Zeit wieder zurückkehrte und in den Mund schlüpfte. Am nächsten Morgen erzählte der Herzog, dass ihm im Traum drei Nixen auf dem Grund eines tiefen Gewässers erschienen seien und ihm eine traurige Zukunft prophezeit hätten.

Die Tassilolinde bei Wessobrunn gilt als heiliger Baum.

Wie ein Schamane erlebt Tassilo hier eine außerkörperliche Erfahrung und macht eine Seelenreise in die mythische Anderswelt. Die Schlange ist dabei sein Seelentier oder sein Zweites Ich. Es handelt sich um das Motiv eines Menschen in Tiergestalt sowie um eine Jenseitsreise, von der man mit reichem Wissen wiederkehrt. All dies geschieht im Schlaf, während er als Seelentier über der Landschaft und in der Unterwelt unterwegs ist. Die erwähnten „drei Nixen" sind dabei die drei Schicksalsfrauen, die gewiss auch in Wessobrunn einst die Hüterinnen der drei Quellen waren.

Ihre Prophezeiung trifft übrigens nicht nur Tassilo, sondern auch das Kloster, das zum größten Teil zerstört wurde. Die beiden Naturheiligtümer – die Linde und das Quellheiligtum – besitzen jedoch ihre Faszination ungebrochen. Sie sind bis heute frei zugänglich. Ob das Wasser zur Heilung verwendet wurde, ist allerdings nicht bekannt. Es wäre eine Nachforschung wert. Doch spurlos ist die Zeit auch bei den Quellen nicht vorbei gegangen. Es kommt immer wieder zu Verunreinigungen, so dass das Wasser zum Trinken nicht geeignet ist.

Ein ganz anderes Quellgebiet mit einem guten Wasser finden wir in Leutstetten zwischen Starnberg und Gauting. Die Ortschaft ist unscheinbar, besitzt jedoch ein Schloss und die Alto-Kapelle, worin ein wunderbares Gemälde der heiligen drei Frauen abgebildet ist. Außerdem befinden sich in der Nähe die Petersbrunnkapelle (an der Straße nach Starnberg), der Karlsberg und die Quellen im Mühltal, die inzwischen zu einem modernen Kultplatz geworden sind. Sie liegen bei einem Spazierweg, der parallel zur Hauptstraße und zum Fluss Würm verläuft. Von der Brücke zum S-Bahnhof Mühltal zweigt dieser Weg ab, wo dann nach einigen Schritten im Augebiet die verschiedenen Quellaustritte erlebbar sind: „Das Wasser schießt aus dem Berg und ergießt sich in eine kleine Mulde, den Quelltopf, in dem eine ältere Frau gerade ihre Füße badet. Hinter der Vertiefung hat sich eine kleine Höhle gebildet. Rosen und Edelsteine liegen darin als Opfergaben verstreut. Kerzen brennen. Die Bäume und Büsche rings herum sind mit bunten Bändern

Petersbrunnkapelle zwischen Starnberg und Leutstetten.

Quelle im Mühltal bei Leutstetten mit Stoffen an den Bäumen.

und Gebetsfahnen geschmückt. Sogar eine goldene Madonna mit Kind wurde von einer unbekannten Besucherin aufgestellt. Der uralte heilige Ort ist belebt und lebendig, gehegt und gepflegt von Frauenhänden. Weiter unten wird das Wasser in einem Rohr aufgefangen und nach unten geleitet, so dass man es gut in Flaschen auffangen kann. Wir genießen das herrlich frische Wasser. Es schmeckt und riecht wunderbar."

Diese Beschreibung einer anonymen Frau UF im Internet bezieht sich vor allem auf eine Quelle, die heute als Drei-Bethen-Quelle bezeichnet wird. Obwohl historisch gesehen dies eine Vermutung und eine Übertragung auf eine heutige Quelle ist, gibt es doch Indizien im Raum Leutstetten, die auf einen Bethenkult hinweisen. So floss schon vor 1513 eine gute Quelle an dem Platz, wo dann das Heilbad und die Petersbrunnkapelle errichtet wurden. Der Überlieferung nach war das Quellwasser heilkräftig, besonders bei Rheuma, Gicht und Unterleibsleiden. Heute ist dieser Quellaustritt wegen einer Trinkwasserfassung zubetoniert, so dass sich das Wasser (bzw. die Menschen) eine neue Quelle suchten. Dennoch ist an diesem Ort eine der Bethen-Quellen anzunehmen, worauf zum Beispiel die Namensumweihung von *Bethen* zu *Petersbrunn* hinweist. Im Süden von Leutstetten befand sich im 19. Jahrhundert eine Einbettl-Kapelle, die mit ihrem Namen an die heilige Ainbet in Andechs erinnert. Die Kapelle wurde zum Dank von Sybilla Resiner von Starzhausen gestiftet, weil ihre Gebete erhört wurden. Ebenso veranlasste sie im Jahr 1643 ein Votivbild, das anfänglich in Einbettl und heute in der Alto-Kapelle zu bewundern ist. Das Bild zeigt drei heilige Frauen mit Kronen, ihre Namen lauten: Ainpet, Gberpet und Firpet, was auf die drei Bethen hinweist. Die drei Frauen wurden in Leutstetten sehr verehrt. Bis ins 18. Jahrhundert fanden Wallfahrten von Wöchnerinnen statt. Ebenso kamen Frauen, die sich ein Kind wünschten, und baten um Segen.

Im Süden von Leutstetten-Einbettl entdeckte man 1978 eine römische Villa aus dem 2. Jahrhundert. Die Funde wurden gut untersucht und sind am Ort zu bestaunen. Für die Bethenforschung

Votivbild der drei Bethen in Leutstetten.

ergab sich mit diesem Fund eine historische Verbindung, und zwar zu jener Zeit vor 1800 Jahren, als die Weihesteinerrichtung für die keltisch-römischen Matronen in voller Blüte stand. Spannend ist zudem, wie das ausgegrabene Haupthaus mehrfach auf Plätze in der Leutstettener Landschaft Bezug nimmt. So liegt es auf einer nach allen Himmelsrichtungen abfallenden Geländekuppe, und mit der Hofseite ist es genau nach Norden auf den rund 750 m hohen Karlsberg ausgerichtet. Ziemlich genau dazwischen liegt Einbettl. Im Süden reichte der Starnberger See damals bis unterhalb des Gutshofes heran, so dass er von der Villa aus sichtbar war.

Noch spannender wird es, wenn wir die weiteren Ausgrabungen verfolgen. Denn aus einer Grube der römischen Villa barg man Gefäße, die auf eine vorrömische Zeit verweisen. Diese werden der keltischen Latènezeit zugeordnet, und die Archäologen vermuten, dass am Ort der Villa oder in unmittelbarer Nähe eine keltische Siedlung bestand. Der Kult der drei Bethen und seine Herkunft aus keltischer Zeit ist in Leutstetten naheliegend. Die drei Schicksalsfrauen waren das göttliche Numen der gesamten Landschaft vom Starnberger See bis zu den Quellen und der sagenumwobenen Anhöhe, die später Karlsberg genannt werden sollte.

Immer wieder erwähnt auch die mündliche Tradition diese außerordentlich dichte Dreifrauenlandschaft. Die Sage beginnt mit dem See, der früher Würmsee hieß, und der Roseninsel, die im 19. Jahrhundert noch Insel Wörth genannt wurde. Auf dieser Insel sollen die Überreste einer alten Kirche stehen, und besonders schwarze Erde mit Kohlen hätte man entdeckt. Zudem sollen vor undenklichen Zeiten „drei Fräulein" auf dem Eiland gewohnt haben, die sehr fromm waren. Die Verchristlichung der Göttinnentradition nimmt hier also seinen üblichen Verlauf, indem die Ahnfrauen zu frommen und wohltätigen Beterinnen gemacht werden, besonders geehrt, wenn sie noch eine Kirche stiften. In alter Zeit jedoch gehörte ihnen das Land. Eindrücklich beschreibt für Einbettl Friedrich Panzer die zunehmende „Vernonnung" der Landschaftsgöttinnen: „Gerade gegenüber vom Petersbrunnen bauten sie sich mit Hilfe einiger Gläubigen eine kleine Wohnung:

Einbetl; Zelle und Eingang war für jede gesondert; denn jede wirkte für sich. Ihre Beschäftigung war Beschaulichkeit im Kämmerlein, Kunde und Befestigung der Lehre Christi unter dem Volk. Sie predigten mutig das Wort Gottes, und genügten sich an Wurzeln und Kräutern, und dem wenigen Brot, das die Milde zugebracht. Auch durch Tat wirkten sie; Heilung der Kranken und ihre Pflege wird ihnen noch jetzt dankbar zugeschrieben." (Nr. 40).

In der Kirchenmythologie werden die keltischen Göttinnen abgewertet, verdrängt oder vereinnahmt, was eine gängige Praxis der Trennung darstellt: Entweder finden sie als Jungfrauen in den Schoß der Kirche, oder sie werden zu verwünschten Schlossfrauen, die um Erlösung bitten müssen. Die nächste Stufe dieser Verdrängung ist die Verteufelung zur Schreckgestalt – ein Zerrbild, das durch christliche Repression der drei Schicksalsgöttinnen entstanden ist. Entsprechend dieser Aufspaltung entdecken wir auf dem Karlsberg nicht die frommen Betschwestern, sondern die Ahnfrauen als unheimliche Wesen – obwohl es dieselben Ainpet, Gberpet und Firpet von Einbettl sind, wie die Menschen vor Ort berichten. Auf diesem Kultberg erscheinen sie weiß oder schwarz, meist im Schlosskeller, wo sie durch einen Zauber eingesperrt sind. Dort warten sie auf Erlösung. Zur Wintersonnenwende bzw. in der Heiligen Nacht soll man auf dem Berg Lichter sehen und die Jungfrauen singen hören. Sie hüten drei eiserne Truhen voller Schätze. Einst ging ein Mühlknecht zum Karlsberg, wo ihm eine schöne Frau begegnete und von ihm drei Küsse verlangte. Sie kam als junge Frau und als Schlange auf ihn zu, doch der Bursche rannte erschrocken davon, denn er glaubte an den Teufel. Zuletzt gab ihm die Schöne dafür eine gehörige Ohrfeige.

Diese Beispiele zeigen, dass die Einweihung des jungen Mannes durch die göttliche Ahnfrau/Priesterin auf dem Kultberg nicht mehr sein darf. Das jahreszeitliche Ritual, das wahrscheinlich als subversive volksreligiöse Tradition heimlich weiter gefeiert wurde, ist endgültig diabolisiert. Fast alle ähnlichen Sagen enden tragisch, sind die Frauen dämonisch und an den Ort gebannt, während der entmutigte Mann wahnsinnig wird oder stirbt.

Dennoch sind die Sagen als Gedächtnis der Landschaft geblieben. In dieser Landschaft sind die Roseninsel, ja der Starnberger See selbst Erscheinungsformen der drei Schicksalsfrauen. Es sind dies auch die Seemündung, das Flusstal der Würm, die Quellen und die Anhöhen wie der Karlsberg. Entsprechend dürfen wir hier im Sinn einer animistischen Naturphilosophie von einer erhabenen Landschaft der dreigestaltigen Erdgöttin sprechen. An der Quelle begegnen wir ihrem heiligen Schoß der Erneuerung, im See ihrer Unterwelt und auf dem Höhenort ihrem Aspekt der Maibraut und Sommerfrau, die ihren Partner wählt und mit ihm die wonnevolle Hochzeit feiert.

Eine weitere, hochmythologische Gegend mit einem Quellenkult finden wir in Dießen am Ammersee. Jedes Jahr genießen hier Wallfahrer und Touristen einen wunderbaren Ausblick auf den See, der im Süden ein breites Ufergebiet bildet. Gleich gegenüber im Osten erhebt sich ein langgezogener Hügelrücken, auf dem auch der heilige Berg Andechs zu erkennen ist. Das ganze Gebiet ist reich an Wasser und Rinnsale, die mit dem See zusammen die Landschaft entscheidend prägen. Daher ist es nicht verwunderlich, dass Quellenorte und Ammersee auch in der lokalen Mythologie eine besondere Rolle spielen. Gleich einem Schöpfungsmythos erzählt man in Dießen, dass der Ammersee einst ein Moos war, das von „drei Jungfrauen" kultiviert wurde. Sie hegten und pflegten das Land, doch durch das Wasser wurde ihnen die Arbeit erschwert. Eines Tages sprachen sie den Wunsch aus, dass der Sumpf zu einem See werde. Und so erwirkten sie den Ammersee. Es existiert noch eine weitere Version dieses Schöpfungsmythos. Gemäß dieser Sage war der Ammersee einmal ein sehr fruchtbares Land, das von „drei Fräulein" gepflegt und mit dem Pflug bestellt wurde. Doch sprachen sie einen Fluch über das Land aus, wodurch das Tal von Wasser überflutet wurde. Aus dieser Überschwemmung entstand der Ammersee. Die geheimnisvollen Frauen selbst wohnten auf dem Jungfernberg südlich von Bischofsried-Dießen, wo sie in einem „Kloster" lebten.

Sehr schön kommt hier wieder die Verbundenheit des Landes, des Wassers und der drei Schicksalsgöttinnen zum Ausdruck, die in der Sage als „drei Fräulein" beschrieben sind. Sie bewirken nicht nur den Ammersee, sondern die göttlichen Ahnfrauen verkörpern gleichsam das fruchtbare Land wie das reiche Gewässer. Und sogar die Fische im See sind ein Geschenk der dreifachen Muttergöttin. Denn drei „edle Jungfrauen" von Mergentau, die als mythische Guttäterinnen sowohl dort als auch in Andechs bekannt waren, sollen gewünscht haben, dass der See voller Fische sei. Und so geschah es auch.

Nun verstehen wir, warum der Ammersee einer der Seen Bayerns ist, an dem jährlich eine Messe gelesen wurde, um eine Überschwemmung des Landes zu verhindern. Ebenso warf man einen goldenen Ring hinein. Um den See zu besänftigen? Wahrscheinlich vermählte sich die Wassergöttin jeweils mit einem Fürsten der Gegend, wofür der goldene Ring ein Zeichen ist. Dieselbe Ringgabe kennen wir wie erwähnt vom Walchensee und aus Venedig, wo die Meeresgöttin den Dogen zum Mann nahm.

Ist also der Ammersee ein mythisches Gewässer, so sind auch die Quellen sagenhafte Stätten der Ahnfrau. Einer dieser Orte ist der Burgberg mit dem Mechthildisbrunnen sowie der sich anschließende Schatzberg. Beide liegen südlich von Dießen, wo vor dem vielbesuchten Marienmünster die Wanderwege angegeben sind. Oder man sucht den Ortsteil Wengen und dort die Burgbergstraße, wandert dann dem höchsten Punkt zu, wo im Umkreis die Kapelle steht. Von diesem angenehmen Platz sind es nur wenige Schritte bergab zum Heilbrunnen der Mechthildiskapelle. Ganz natürlich kam früher dort das Wasser direkt aus dem Tuffsteinboden. Außen herum war die Quelle nur mit ein paar Holzbrettern eingefasst und ein paar Steine lagen darum herum. Vielleicht hat die hl. Mechthild, die hier 1127 geboren wurde, die Quelle so erlebt, als sie von ihr trank. Jedenfalls ist der heutige Bau eine Neufassung aus dem 19. Jahrhundert. Die Klosterfrau Mechthildis war schon im 12. Jahrhundert eine außergewöhnliche Person, die man zur mütterlichen Ahnfrau von Dießen erhob. So gibt es ein Mechthildisbrot,

Brunnen der Mechthildis auf dem Burgberg bei Dießen.

einen Wachs, einen Kranz, ein Lied, einen Stein und vieles mehr bis zum Brunnen, der ihr geweiht wurde.

Jedoch waren die Hüterinnen auf dem Burg- und Schatzberg ganz andere Frauen. Dort soll in der Heiligen Nacht eine wertvolle Truhe gehoben werden können. Das Gold stamme von den drei Schicksalsgöttinnen, die einst in einem Schloss auf dem Gipfel des Berges gewohnt hätten. Zwei seien weiß gewesen, die dritte schwarz. Daneben stand ein feuerschnaubender Hund. Die schwarze Frau erschien einmal einem Hirten, der sie von ihrem „Fluch“ befreien sollte. Er müsse dem feurigen Hund, der die Kiste bewachte, den Schlüssel entreißen, dann sei sie erlöst und ebenso weiß wie ihre Schwestern. Der Schatz aber gehöre ihm. Der Hirte tat, wie von ihm gewünscht, doch als er den schnaubenden Hund erblickte, bekam er Angst und rannte davon. Sogleich ließ die schwarze Göttin gewaltige Wassermassen über den Berg hereinbrechen, die das Schloss begruben. Der Goldschatz aber wartet immer noch auf seine Entdeckung.

Die drei mythischen Frauen, welche die „goldenen" Erdfrüchte und Heilquellen hüten, sind dieselben drei Frauen, die den Ammersee entstehen ließen oder den Fischreichtum schenkten. Es sind auch diejenigen Frauen, die der Sage nach auf dem Jungfernberg südwestlich von Bischofsried-Dießen wohnten. Friedrich Panzer erwähnt sie kurz unter dem Titel „Der Jungfrauenberg bei St. Georgen": „Der Jungfernberg ist ein mit Buchenholz bewachsener, nicht hoher Berg, dessen Gipfel aus Felsen besteht. Da sollen vor undenklichen Zeiten drei Jungfrauen ein Kloster gehabt haben... Eine dieser Jungfrauen, halb weiß, halb schwarz, saß auf einer Kiste und machte einen Spruch, was man tun müsse, um sie zu erlösen. Da die Erlösung keiner vollbringen konnte, so versank sie mit der Kiste und sprach den Wunsch aus, dass die Gegend zu Wasser werde. Hierauf entsprangen dem Jungfernberg mehrere Quellen, vereinigten sich zu einem Bach, den man den Bischofsriederbach nennt, und bildeten den Ammersee." (Nr. 45)

Dieses Quellgebiet von Dießen und dem Ammersee weist mythologisch eine sehr hohe Dichte an Dreifrauensagen auf, was erstaunlich ist. Die Sagendichte ist sogar noch höher als in Leutstetten mit den drei Bethen, wo wir das Gebiet vom Starnberger See bis zum Karlsberg als ehemalige Landschaft der dreifachen Göttin betrachten haben. Dies gilt auch für Dießen vom Ammersee bis zum Jungfernberg. Obwohl hier im 12. Jahrhundert das Marienkloster gegründet wurde und die hl. Mechthildis zur Brotmutter der Gegend aufstieg, bestand weiterhin eine subversive volksreligiöse Gegenwelt im Glauben an die drei Schicksalsgöttinnen, wie es in den Sagen zum Ausdruck kommt. Und sogar in der Heiligen Nacht – also zur alten Wintersonnenwende – stehen die drei Muttergöttinnen auf dem Schatzberg im Zentrum des jahreszeitlichen Rituals. Die keltische Tradition der Dreifrauenmythologie ist dieser Landschaft gleichsam eingeschrieben und durch den hartnäckigen „Aberglauben" bewahrt. Und wie eine späte Reaktion auf die subkulturellen drei Ahnfrauen des Volkes lässt das Kloster im 18. Jahrhundert drei Marienfiguren anfertigen, die in einer Vitrine unmittelbar neben dem Seiteneingang aufbewahrt werden.

Es handelt sich um drei über einen Meter hohe Schnitzfiguren, die in ein gelbes, rotes und blaues Gewand gehüllt sind. Vor dem Maria-Himmelfahrts-Tag am 15. August werden sie auf langen Tragstangen befestigt und mit Blumen geschmückt. Am Marientag selbst werden sie in die Kirche getragen. Gefeiert werden aber nicht die mythenhaften Erd- und Quellgöttinnen der lokalen Sagenwelt – die Mütter des Ammersees –, sondern eine marienhafte, sublimierte Erdmutter im Gewand der neuen Religion, die indirekt noch an eine dreifache Erntegöttin erinnert.

Die drei Marienfiguren im Münster von Dießen.

Als ich die sagenhafte Landschaft von Dießen, vom Ammersee und von Andechs untersuchte, fiel mir auf, dass es sich zudem um eine jahreszeitliche Rituallandschaft handelt, in der die mythischen Orte miteinander verbunden sind. Die Plätze der Sagen sind gedanklich verknüpft und bilden ein verwobenes Ganzes. Dies kann auf verschiedene Weise geschehen. So können beispielsweise Wege von einem mythischen Zentrum – einem Hügel der Erdgöttin – ausgehen und so den Nabel der Welt mit den Himmelsrichtungen des Landes verbinden. Ferner wurden Plätze so in Beziehung gesetzt, dass sie zusammen einen landschaftlichen Tempel bilden, in welchem die Lebenskraft der Natur im Frühling, die Hohe Zeit der Sommersonnenwende und die Begegnung mit der Anderswelt im Herbst und Winter gefeiert wurden. Auch gesellschaftliche Anlässe wie Initiationen und Krönungsrituale sind denkbar. Der goldene Ring, der in den Ammersee geworfen wurde, weist auf ein solches Vermählungsritual zwischen einem Fürsten und der Wassergöttin hin. Gleichzeitig ist dieser Ring auch ein Symbol dafür, dass er später eine Jenseitsreise in die Anderswelt des Ammersees machen und von dort in verjüngter Gestalt wiederkehren wird. Und nicht zuletzt sind Stätten aufgrund astronomischer Bezugspunkte miteinander verbunden. Sonnenaufgänge im Osten und Untergänge im Westen lassen sich am Horizont an markanten Punkten beobachten, so dass daraus ein ritueller und agrarischer Kalender für Saat und Ernte wird. Dasselbe gilt für den Mond und die Sterne, deren Verlauf man seit Jahrtausenden erforscht.

In diesem Sinn behauptet man nun vor Ort, dass von Dießen bis nach Utting ein unterirdischer Gang führe. Auch von Wessobrunn bis Andechs soll ein solcher Gang sein, ferner vom Schatzberg bis nach Seefeld Richtung Pilsensee. (Sepp 303) Gewiss sind hier keine Tunnel zu erwarten. Trotzdem glaube ich nicht, dass die „unterirdischen Gänge“ nur phantasievolle Gebilde des Volkes sind. Sie könnten nämlich Reste einer vernetzten Landschaft sein, worin alte Wege und Sichtlinien vorkommen. Gerade Orientierungslinien sind im astronomischen Horizontkalender unabdingbar, obwohl sie heute vielfach alleine dastehen und der Bezug zur sakralen Landschaft unterbunden ist. Somit sind für mich die „unterirdischen Gänge“ eigentlich „überirdische“ Orientierungen, die einen geometrischen und astronomischen Bezug erlauben. So verläuft der „Gang“ von Dießen nach Utting ziemlich genau nach Norden. Der „Gang“ von Wessobrunn nach Andechs orientiert sich mit 45° Nordost, und vom Schatzberg aus liegt Seefeld mit 36° Nordost am Horizont, wobei letzteres auf ein Sternbild hindeuten dürfte.

Innerhalb der Region Dießen liegt der Burgberg genau im Osten des Jungfernberges, was eine West-Ost-Linie beschreibt. Somit kann man vom Jungfernberg jeweils die Sonnenaufgänge über dem Burgberg im Frühjahr und im Herbst beobachten. Eine besondere Sichtlinie führt vom Jungfernberg zum heiligen Berg Andechs, die in Dießen an St. Georg vorbei geht und das Marienmünster schneidet. Sie orientiert sich ziemlich genau mit 65° Nordost. Das bedeutet, dass vom Jungfernberg aus die Sonne Anfang Mai und Anfang August bei Andechs aufgeht, während umgekehrt von Andechs aus die Sonne Anfang November und Anfang Februar beim Jungfernberg untergeht. Dadurch sind vier jahreszeitliche Ritualfeste gegeben, nämlich Allerseelen oder keltisch Samhain (November), Maria Lichtmess oder keltisch Brigid (Februar), Walpurgis oder keltisch Beltene (Mai) sowie im August das keltische Fest Lughnasad. Der mythische Ort Andechs war einst der Ainbeth (Anabeth, Ambeth) geweiht, wie wir gesehen haben, und auch der Jungfernberg war einmal ein Kultplatz der drei keltischen Schicksalsgöttinnen. Entsprechend standen hier am Ammersee sämtliche Hauptfeste der Kelten unter ihrem Zeichen.

Doch es gibt noch einen weiteren sagenhaften Ort mit einer astronomischen Sichtlinie. So soll über dem Schatzberg ein Drache fliegen, und ein Hund mit großen Augen lasse sich darauf blicken. Ebenso erinnern wir uns an die Dreifrauensage. Vom Schatzberg blickt man nun ziemlich genau mit 54° Nordost über den See zum markanten Punkt Andechs. Bei dieser Anhöhe geht an Mittsommer die Sonne auf, während umgekehrt von Andechs aus beim Schatzberg die Sonne an Mittwinter untergeht. Dadurch ist die Zeit der Sommersonnenwende gegeben, die wir heute als Johannisnacht kennen, sowie die Wintersonnenwende mit unserer Weihnacht. Verblüffend ist, dass die Dreifrauensage genau auf diese Zeit hinweist, nämlich auf die „Heilige Nacht", in welcher der Goldschatz und die weiß-schwarzen Schicksalsfrauen erscheinen. Von Erlösung oder Verwünschung der dreifachen Ahnfrauen war damals noch nicht die Rede, sondern von den Gaben der Göttin – wie sie die Menschen mit ihren Erdfrüchten beschenkt, das Haus segnet und den neugeborenen Kindern den Faden des Lebens zuteilt. In der anderen „Heiligen Nacht“ an Mittsommer feiert sie die Fruchtbarkeit des Jahres in der erotischen Hochzeit mit ihrem Geliebten, der oft wie auch in der Sage als Hirte auftritt. Im mythischen Jahr und auch astronomisch mit der Sichtlinie sind die beiden Anhöhen Schatzberg und Andechsberg rituell miteinander verbunden. Die beiden Kultplätze ergänzen sich mit den Sonnenwenden. Und nicht zuletzt stehen die Stätten ganz im Zeichen der Schicksalsgöttinnen oder Bethen. Doch während Andechs zum heiligen Berg erkoren wurde, sank der Schatzberg zu einem dämonischen Ort mit einem Drachen ab, wo der feurige Hund und die verfluchte Schwarze Frau umgehen. Hier also Zerrbilder und dort Glorie, was beides auf denselben Abspaltungsvorgang hinweist. Doch einst war dieses Land gänzlich verwoben mit den Ahninnen der Landschaft, mit ihren Quellen, Flüssen, Seen und heiligen Höhen.

DER KULT DER STEINE

Der sogenannte Teufelstritt in der Münchner Marienkirche gehört in seiner Art und Weise zu einem verbreiteten Steinkult, in dem der Fußabdruck eine kultische Bedeutung hat. Das berühmteste, deutsche Beispiel dazu liegt bei Bunsoh in Schleswig-Holstein. Es handelt sich um ein Großsteingrab aus der Jungsteinzeit, wo an den Decksteinen verschiedene Motive angebracht wurden. Zu erkennen sind zahlreiche Schälchen und ein Kreis, außerdem ein vierspeichiges Rad, flache Rillen, paarweise angebrachte Handbilder und die Darstellung eines Fußes. Auch die Felsbilder im Süden Skandinaviens oder diejenigen im Norden Italiens von Val Camonica zeigen immer wieder Fußabbildungen. Einige Forscher vermuten, dass damit eine Gottheit herbeigerufen werden sollte, auf dem Fels zu wandeln. Oder man glaubte, die Fußspuren zeigen die Zeit und die Stätten an, wo eine Gottheit anwesend war und über die Landschaft ging. In Irland und Schottland zeigt der

Fußstein das jeweilige Zentrum der Welt an. Gleichzeitig wurde er für Initiations- und Krönungszeremonien genutzt, in denen eine im Stein personifizierte Erdgöttin den neuen König des Landes legitimierte. Und auch manche christliche Heilige hinterlassen ihren Fußabdruck. So beispielsweise der hl. Gallus am Bodensee, wo in Arbon an der Galluskapelle ein entsprechender Stein zu sehen ist. In Jerusalem zeigt man den Gläubigen in der Himmelfahrtskirche auf dem Ölberg einen Fußabdruck, den Jesus bei der Himmelfahrt im Fels hinterlassen haben soll.

Doch der Fußstein ist in München nicht der einzige Stein. In der Dreifaltigkeitskirche soll ein rätselhafter Stein eingemauert sein. Allerdings ist es unbekannt, wo sich dieser genau befindet, und es ist strengstens verboten, diesen herauszunehmen. Sollte dies doch einmal geschehen, so breche der Walchensee aus und überschwemme das ganze Land. Noch im 18. Jahrhundert wurde täglich eine Messe gelesen, um diese Gefahr abzuwenden. Auch weihte man jedes Jahr einen goldenen Ring, der dann in den See geworfen wurde. Durch diese Gabe waren die Seegeister beruhigt.

Ziemlich verbreitet sind die Durchkriechsteine, wobei der Brauch des Durchkriechens – um Heilung und ein neues Leben zu erlangen – auch an Bäumen, Felsen und in Kirchen gepflegt wird. In München selbst ist der Brauch offenbar erloschen, aber es gibt zahlreiche Berichte von anderen Orten. So zum Beispiel in Bad Abbach bei Regensburg mit dem Teufelsfelsen. Noch im 19. Jahrhundert heißt es dort, dass oberhalb von Abbach an der Donau der Teufelsstein liegt, der einen vorspringenden Fels aufweist und Teufelskanzel genannt wird. Dort ist ein Loch, wodurch Leute mit Kreuzweh oder sonstigen Leiden durchgezogen oder „durchschlofen" wurden. Dieses Durchziehen nennt man „Bögeln". In Koppenwall bei Mainburg befindet sich die Koronakirche. Darin kriechen die Menschen durch ein Loch im Altar, um bei der Ernte keinen Schaden zu erleiden. In der Krypta des Freisinger Doms entdeckt man das Grab des Nonnosus. Der Steinsarg ragt aus der Wand hervor, so dass die Leute hier durchkriechen, am besten dreimal. Ein Durchkriechen soll auch der Bückeingang in die Krypta von Birkenstein bei Fischbachau sein. Bekannter ist Bamberg, wo sich in St. Michael das Ottograb mit einem Schlupfdurchgang befindet. Durch einen schmalen Durchschlupf konnten die Pilger mitten durch das Grabmal hindurch kriechen. In St. Wolfgang bei Altenmarkt im Landkreis Chiemgau wurde der Schlupfaltar über einem ausgewaschenen Findlingsstein errichtet. Ebenso finden sich dort die steinernen Fußspuren des Heiligen. Dass es sich hier um einen verchristlichten Steinkultplatz handelt, der schon den Kelten bekannt war, liegt auf der Hand. Nicht nur Heilungssuchende seien früher zum Stein gekommen, sondern auch Ehepaare sind durch den Altar geschlüpft, um Kinder zu bekommen.

In Schweden nennt man solche runden Öffnungen „Elfenlöcher", so wie dort auch die angebrachten Schalen in den Steinen „Elfenmühlen" heißen. Vor allem sind es kranke Kinder, die man durch gespaltene Bäume oder Steinlöcher schiebt. Die weibliche Öffnung ist unverkennbar, so dass die Menschen eine zweite Geburt oder eine Erneuerung des Lebens erhofften, was sie mit der Heilung von Gebrechen in Zusammenhang brachten. Schon Johann Sepp hat dies bemerkt, wenn er schreibt: „Derlei natürliche Öffnungen stellten den Schoß der Mutter der Erde und das Durchkriechen die Wiedergeburt unter sympathischer Erlösung von Krankheiten vor." (S. 88)

Im Süden von München liegt Dietramszell zwischen Holzkirchen und Wolfratshausen. Vom Klosterplatz führt ein schöner Spazierweg „Am Weiherfeld" ein Kilometer nach Süden zu einer kleinen Lichtung mit dem Namen „Maria Elend". Schon um 1600 sollen zu diesem Ort Wallfahrten bestanden haben. Neben dem Kirchturm entdeckt man einen merkwürdigen Stein, der als Rest von einem Durchschlupfbrauch gedeutet wird. Die offizielle Kirchenbeschreibung weiß nichts davon, aber nach Berichten älterer Einheimischer soll er früher zum Durchschlüpfen benutzt worden sein. Vielleicht ließe sich noch mehr erfahren, wenn man mit weiteren Leuten vor Ort ins Gespräch kommt. Erstaunlich ist nämlich, dass Dietramszell gleich zwei Kultsteine aufweist. Vom Dorf aus gelangt man via Kreuzbichlweg zur sogenannten

Wallfahrtsort Maria Elend bei Dietramszell, Lkr. Bad Tölz-Wolfratshausen.

Durchschlupfstein an der Außenwand von Maria Elend bei Dietramszell.

Kreuzbichlkapelle. Sie liegt wunderbar auf einem kleinen Hügel, und die Fernsicht lädt dazu ein, hier Stunden zu verbringen. Den Eingang zur Kapelle finden wir von der Friedhofsseite, und nachdem wir eingetreten sind, sehen wir einen Lochstein an der linken Mauer angebracht. Es handelt sich um einen Fingerstein, da man nur die fünf Finger in die fünf Löcher stecken kann. Der Kult soll bis ins 16./17. Jahrhundert zurückreichen. Es gibt auch Fingersteine mit zehn Löchern, und wer alle seine Finger auf einmal hineinstekken kann, wird bald heiraten. Ob dieser Brauch in Dietramszell auch bekannt war?

Weniger friedlich ging es im 7. Jahrhundert in Kleinhelfendorf zu, nur 30 km südöstlich von München in der Nähe von Aying. Erreichbar ist dort die Emmeram-Kirche mit der S-Bahn 7 Richtung Kreuzstraße, Haltestelle Großhelfendorf, und dann zu Fuß in einer halben Stunde. Der hl. Emmeram von Regensburg soll hier 652 seinen Tod gefunden haben. Die Legende berichtet folgendes: Uta, die Tochter des Herzogs Theodo I. von Regensburg, vertraute dem Bischof Emmeram an, dass sie schwanger sei. Sie suchte Rat, und um ihren Geliebten zu schützen, gab sich Emmeram selber als Vater aus. Er ging auf eine Pilgerreise nach Rom und wurde in Kleinhelfendorf von Theodos Sohn Lantfried und seinen Soldaten gestellt. Dieser ließ Emmeram verstümmeln und ermorden. Bereits nach seinem Tod wurde zu Ehren Emmerams in Kleinhelfendorf eine Kapelle errichtet und im darauffolgenden Jahrhundert eine Kirche. Aus diesem Bauwerk entstand Mitte des 17. Jahrhunderts die St.-Emmerams-Kirche. Die Marterkapelle wurde 1631 an der Stelle errichtet, an der Emmeram zu Tode kam. In der Kapelle zeigen Holzfiguren drastisch sein Sterben.

Trotz der historischen Personen in dieser Geschichte ist sie wenig glaubwürdig. Dies vor allem, wenn wir uns vergegenwärtigen, dass Emmeram an einem alten Steinkultplatz ums Leben gekommen sein soll. So befindet sich in Kleinhelfendorf neben dem Heilbrunnen des Heiligen auch ein sonderbarer Stein, der zum Aufsteigen aufs Pferd benutzt worden sei. Ein weiterer Kultstein ruht in der Marterkapelle, wo Emmeram auf einem flachen Stein

Kreuzbichlkapelle auf dem Hügel von Dietramszell.

Der Fingerstein in der Kreuzbichlkapelle.

Kultstein in der Emmeramskapelle von Kleinhelfendorf.

liegt und von seinen Verfolgern in blutiger Szene getötet wird. Der ganze Bau ist über diesem Findlingsblock errichtet, und er bildet heute noch das Zentrum. Einst war er aber kein Marterstein, sondern ein Altar- und Weihestein aus vorchristlicher und keltischer Zeit. Er war der Mittelpunkt in einem Hain, umgeben von Bäumen und einer Quelle.

An diesem zentralen Naturheiligtum haben sich die Menschen versammelt, Gaben niedergelegt und mit dem Ortsgeist Kontakt aufgenommen. Vielleicht war es ein Baba-Stein, ein Stein der Großmutter, wie er auf den Höfen der Slawen verehrt wurde. Oder ein Armathr-Stein, wie man den Ahninnenstein auf dem isländischen Bauernhof noch im 12. Jahrhundert nannte. Übersetzt wird dieses Wort mit „Mutter des Wohlstandes“, was nahtlos an die keltischen Bethen erinnert. Zweifellos hatte dieser wunderbare Altarstein im 7. Jahrhundert eine regionale, kultische Bedeutung, umgeben von einer alten Mythologie. Doch dann wurde er mit brachialen Mitteln christianisiert – nicht in der Fortsetzung als

Altarstein, sondern mittels der Legende zum blutigen Opfer- und Marterstein des hl. Emmeram. Solche Zerrbilder wurden geschaffen, um durch die vermeintlichen Blutzeugen die Missionierung des „abergläubischen" Volkes voranzutreiben. Ja die Legende wurde sogar phantasievoll ausgeschmückt und das Sterben des Heiligen bis zur Karrikatur ausgemalt.

Es ist schade, dass der heilige Stein von Kleinhelfendorf derart negativ aufgeladen und hinter schweren Gittern eingeschlossen ist. Ein etwas differenzierterer, kulturgeschichtlicher Rahmen wäre hier im Umgang mit dem steinernen Erbe hilfreich. Dass es auch anders geht, zeigt der nur wenige Kilometer entfernte Ort Kreuz der Gemeinde Glonn. Hier ist an der Außenwand der Kirche ein sehr schöner Kreuzstein eingemauert. Auf der Vorderseite sind Ornamente zu sehen, ebenso ein langer Streifen aus Quarz. Leider ist sonst nichts von dem Stein bekannt. Er muss aber eine Bedeutung gehabt haben, vielleicht war es einmal eine Grabplatte.

Kreuzstein mit Quarzrinne an der Kirche des Ortes Kreuz, Gemeinde Glonn.

Im Landkreis Miesbach liegt östlich von Holzkirchen die Ortschaft Weyarn. Von dort fährt man nach Norden Richtung Fentbach, und bevor die Gaststätte Lindl erreicht ist, erscheint links die Zufahrt „Am Lindl". Bei einem kleinen Weiler geht ein Fußweg bergan, der schließlich auf dem Weyarner Lindl endet. Es handelt sich um einen der vielen, unbekannten Höhenkultplätze, die das Land aufweist. Die Sicht zur Alpenkette und zum Wendelstein ist grandios. Ziemlich genau im Norden zwischen Fentbach und Valley befindet sich oberhalb des Flusses Mangfall der Rest einer keltischen Siedlung aus der späten Latènezeit. Es ist naheliegend, dass die keltische Stätte und der Höhenort Lindl zusammengehören. Die Menschen haben gewiss schon damals das Lindl aufgesucht und die Erhabenheit des Ortes empfunden. Heute steht ein kleiner Baum am Platz. Daneben entdeckt man einen seltsamen Stein. Dieser ist länglich, kantig und etwas zugehauen, er dient den Leuten als Sitzbank. Man könnte ihn auch aufrichten, dann wäre er ein schöner Menhir auf der Anhöhe neben dem Lindenbaum, den man von weit her erblickt. Auf dem „Altarstein" sind künstliche

Schalenstein auf dem Weyarner Lindl mit Blick zur Berggöttin „Schlafende Jungfrau".

oder natürliche Einbuchtungen sichtbar, die als Schalen zu erkennen sind. Ist es ein echter Schalenstein?

Jedenfalls wurde er auf die Anhöhe transportiert, denn es ist kein Steinfeld vorhanden. Und auch der Platz wurde mit Bedacht ausgewählt. Vom Lindl blickt man wie erwähnt wunderbar zum Wendelstein, wo sich die Landschaftsahnin der Region ausbreitet: die sogenannte Schlafende Jungfrau. Die Berggöttin liegt im Südosten, wo am Horizont die Sonnen- und Vollmondaufgänge zu beobachten sind. Ich denke, damit haben wir eine Bedeutung des Lindls und des Kultsteines gegeben. Der Platz war der Ahnfrau geweiht, die zur Wintersonnenwende das neue Licht am Berghorizont hervorbrachte. Dieses Naturschauspiel kann man vom Lindl aus an Mittwinter immer noch erleben, wenn man sich zur rechten Zeit dort einfindet.

Einen zweiten Schalenstein finden wir weiter nördlich, wenn wir nach Valley und nach Hohendilching fahren. Dort geht es auf der Straße weiter, die zur S-Bahn-Haltestelle Kreuzstraße führt. Etwa nach 600 m biegt man rechts in einen Feldweg ein, der auf eine Hütte weist. Nach etwa 100 m überquert man links eine Wiese und kommt zu einem Pfad im Wald. Vom Waldrand sind es etwa nochmals 100 m gerade aus, wo dann im Umkreis ein Schalenstein zu entdekken ist. Er ist mit anderen Steinen vergesellschaftet, so dass die Steine eine kleine Gruppe bilden. Manchmal findet man auch aufgerichtete kleinere Steine darüber, die Besuchende hinterlassen haben. Die künstlichen Schalen sind recht gut erkennbar. Leider gibt es zu diesem Fund weder eine Sage noch ein Brauchtum. Andreas Scherm schreibt dazu: „Die Einzigartigkeit von Vorkommen, Position und Form lässt an eine kultische Funktion denken: Überreste eines Opferplatzes oder Altars? Das scheint sich nach Entfernung der dicken Moosschicht zu bestätigen: auf dem Spaltblock, der seinerseits Schrämstellen aufweist, treten nicht weniger als 27, um einen inneren Kreis angeordnete, säuberlich ausgeschabte Schalen von 5 bis 8 cm Durchmesser (dazu noch einige verwitterte) hervor, die wie der Lindlstein an südalpine Vorkommen erinnern. Stellt demnach der sonderbare Wall mit dem rechteckigen Knick den Überrest

Schalenstein im Wald bei Hohendilching.

einer Temenos-Begrenzung, eines heiligen Bezirks dar? Deutet die Anordnung der Schalen auf den Kosmos hin, auf eine astronomisch-kalendarische Funktion...? Wie auf der Himmelsscheibe von Nebra glaubt man auf Anhieb die Plejaden zu erkennen." – Wie dem auch sei, einzelne Untersuchungen stehen noch aus. Aber der Platz ist keine vier Kilometer Luftlinie vom „Altarstein" auf dem Lindl und von der Fentbachschanze entfernt. Dort wie auf dem nahen Burgberg von Valley kamen bronzezeitliche Funde zutage.

Als Geheimtipp im Westen Münchens gelten die vermeintlichen Opfersteine zwischen Schöngeising und Mauern, die etwa 300 m von der Sunderburg entfernt liegen. Man entdeckt sie vor der Lichtung, wo ein Jägerstand steht. Sie befinden sich etwas versteckt in einer Mulde. Der vordere, quer liegende Stein weist zwei Vertiefungen auf, die als „Blutrinnen" gedeutet werden, was jedoch jeder Grundlage entbehrt. Von der Sunderburg (oder Schlossberg), die sich über die ruhige Amper erhebt, weiß man mehr. Dort stand im 11. Jahrhundert eine Burg. Aber bereits in der frühen Bronzezeit

(1700 v.u.Z.) und der Urnenfelderzeit (1200–800 v.u.Z.) gab es dort Siedlungen, eingefasst von einer Wallanlage. Manche vermuten, dass das rechteckige Plateau auf der Sunderburg – wegen der Wälle und Gräben – auffallend einer keltischen Viereckschanze ähnelt. Das Problem ist aber die zeitliche Einordnung, die nicht zusammen passt.

Vom Schlossberg gibt es auch eine Sage, die uns zur Mythologie des Ortes führt. Als Graf Friedrich von Dießen-Andechs von hier nach Jerusalem pilgerte, vertraute er die Burg und alle seine Schätze der Obhut seiner beiden Töchter an. Eines Tages wurde die Burg jedoch von Feinden angegriffen. Die beiden Mädchen, die keine Rettung mehr sahen, versenkten alle Schätze in der Tiefe des Brunnens und stürzten sich hinterher. Als der Graf nach seiner Rückkehr von dem Geschehen erfuhr und die vom Feind zerstörte Burg sah, soll er nach Dießen zurückgekehrt sein. Die beiden Mädchen aber lebten in der Erinnerung des Volkes weiter, und auch der versunkene Schatz ließ den Menschen keine Ruhe. Ein Bauer aus Schöngeising soll eines Tages eine Glasscherbe gefunden haben. Als er sie zu Hause auspackte, hatte sie sich in Gold verwandelt. Man sagt, dass der Schatz immer tiefer in den Boden sinkt, damit er den edlen Töchtern nicht genommen werden kann.

Erinnert diese Sage nicht an die Schätze hütenden Jungfrauen, denen wir schon oft begegnet sind? So auf dem Schatzberg bei Dießen, wo sie eine Goldtruhe hüten, einen feurigen Hund bei sich haben und in schwarz-weißer Gestalt erscheinen. Wir bleiben in Dießen am Ammersee, wo sich der Steinkult mit der hl. Mechthildis verbindet. Um 1468 entdeckte man im Grab der legendenumwobenen Frau einen runden Tuffstein, ähnlich den Steinen, die am Burgberg am Ort des Mechthildisbrunnens zu finden sind. Der seltsame Stein soll ihr zu Lebzeiten als Kopfkissen gedient haben. Er wurde in der Klosterkirche eingemauert und als heiliger Stein verehrt. So pflegten Leute mit Kopfweh abgeschabtes Steinmehl als Heilmittel an die Stirn zu binden. Auch durch einfaches Berühren des Steines sollen die Kopfschmerzen geheilt worden sein. Heute ist der Kultstein in der Vorhalle der Kirche an der linken Seite eingemauert.

Kultstein der Mechthildis im Marienmünster von Dießen.

Einen weiteren Kultstein, der einer heiligen Person als Kopfkissen diente, finden wir in Wilparting der Gemeinde Irschenberg im Landkreis Miesbach. Der Ort steht ganz im Zeichen der Wallfahrtskirche Marinus und Anianus samt Veitskapelle und Marinibrünnl. Auch von der Salzburger Autobahn erblickt man den Weiler und den dahinter liegenden Wendelstein, der ein wunderbares Panorama bietet. Die ganze Ausstattung der Kirche sowie der Barock beruht auf der legendenhaften Geschichte des Marinus und Anianus, die Onkel und Neffe gewesen sein sollen bzw. „irische Wandermönche", was jedoch unbewiesen ist. Nach einer Pilgerfahrt nach Rom kamen sie als Missionare nach Bayern und bauten sich im Gebiet des Irschenbergs Einsiedlerklausen, in denen sie vierzig Jahre lang lebten. Marinus soll seine Zelle an dem Platz gehabt haben, an dem heute die Veitskapelle steht. Von hier aus geht es nach Süden ins kleine Tal des Kaltenbaches und auf der anderen Talseite wieder hinauf nach Alb, wo dem Anianus die Kirche geweiht ist. Er soll in Alb sein Leben zugebracht haben. Die Legende berichtet, dass Marinus von Vandalen überfallen und ermordet wurde. Und auch sein Neffe soll am gleichen Tag (15.11.697) gestorben sein, jedoch auf ganz natürliche Weise.

In der Nähe der Hauptkirche steht ein kleiner Holzbau mit Kuppeldach, von den Anwohnern „Marinibrünnl" genannt. Noch vor wenigen Jahrzehnten wurde das austretende Quellwasser, das vor allem bei Augenleiden helfen soll, von den Besuchern geholt. Heute ist es nicht mehr zugänglich. Nach der Legende soll Marinus diese Quelle hervorgerufen und geweiht haben, indem er einen Ring ins Wasser warf.

Trotz aller „echten" Reliquien, die in der Hauptkirche zu finden sind, darf doch die Historizität der beiden Glaubensboten bezweifelt werden. Denn man weiß eigentlich nichts über sie, nicht einmal ihre Herkunft ist gesichert. Auch das (halbe) Martyrium der Einsiedler entspricht dem beliebten Topos, wie er in den Legenden geschaffen wurde. Der Ort aber hat ganz andere Qualitäten, die m.E. auf verschiedenen Naturheiligtümern beruht. So finden wir in Wilparting neben der Kirche eine alte Linde, der man Heilkräfte zuschreibt. Der alte Wasserkult mit der Heilquelle wurde schon erwähnt. Darin soll ein besonderer Ring sein, der das Wasser heilkräftig macht. Auf dem Weg von Wilparting nach Alb (etwa eine halbe Stunde) überquert man den Steg über den Kaltenbach und wandert dann ein paar Schritte hoch. Auf dem Pfad befindet sich im Wald eine Quelle, die dem Anianus geweiht ist. Also wieder ein Naturheiligtum. In der Kirche von Alb, wo nebenan bei der Bäuerin der Schlüssel geholt werden kann, befindet sich an der linken Seite eine Nische mit einem „Liegestein" des Heiligen. Andreas Scherm nennt den merkwürdigen Stein mit seiner schalenförmigen Vertiefung „ein Relikt heidnischer Religiosität". Martin Bernstein wiederum bezeichnet ihn einen „Gebets- oder Ruhestein": „Ein Tuffsteinbrocken mit einer schalenförmigen Vertiefung. Ein Stein, der sich verformt haben soll, um dem heiligen Mann bequemer zu sein? Das macht stutzig – bekam hier ein uralter Steinkult vielleicht ein neues christliches Gewand?"

Quelle des Anian auf dem Weg von Wilparting nach Alb.

Liegestein in der Anianskirche von Alb.

Berggöttin „Schlafende Jungfrau". Blick von Wilparting-Alb zum Wendelstein.

Tatsächlich finden wir im Umkreis der beiden Einsiedler zweimal eine Kultquelle, einen alten Baum und einen mythischen Stein, wie er auch von der hl. Mechthildis in Dießen bekannt ist. Und auf ihm soll Anianus gelegen haben. Diese Geschichte ist in ihrer Vereinzelung eigentlich unverständlich. Betrachten wir aber die Landschaft, in der das Ganze spielt, gibt es durchaus einen Anhaltspunkt. Von Wilparting und Alb aus liegt im Süden der Wendelstein so beeindruckend, dass er zum Greifen nahe ist. Gleichzeitig erkennt man am Gebirge eine auf einem Stein ruhende Person, nämlich die Schlafende Jungfrau. Dieses Urbild einer auf einem Felsen liegenden Landschaftsahnin wurde gleichsam nachgebildet, indem der christliche Heilige ebenfalls auf einem Stein ruht. Dieser war anfänglich nicht der Liegestein des Anianus, sondern das steinerne Kopfkissen der Berggöttin. Die Naturheiligtümer von Wilparting-Alb waren ihre geweihten Kultstätten, bis die Legende aus ihnen christliche Einsiedlerorte machte. Möglicherweise finden wir in der differenzierten Rückkopplung sogar den keltischen Namen der Berggöttin wieder. Es ist auffallend, dass nur Anianus einen Kultstein besitzt, und dass er friedlich entschlafen ist. Der Name *Anian* dürfte eine Vermännlichung der Schlafenden Jungfrau sein, deren Name einmal *Ana* oder *Anu* lautete. Die mythische Anu (oder Dana) kommt in der irischen Landschaft vielfach vor, meistens als Berggöttin. Sie gilt in der keltischen Mythologie als Große Muttergöttin, die mit ihrem Volk das Land besiedelt hat.

Damit habe ich einige landschaftsmythologische Aspekte in und um München beschrieben. Gewiss ist nicht alles erwähnt oder ausgeschöpft worden. Und es sind auch nicht alle Themen und Orte mythologisch gleich ergiebig. Dennoch war es mir ein Anliegen, die kulturgeschichtliche Fragmentierung eines Platzes aufzuheben und die Tiefenschichten aufzuzeigen. Dies gelingt mit einer vielseitigen Herangehensweise und mit einem guten Gespür für die mythischen Stätten. Ebenso mit einem kritischen Blick, um die patriarchalen Vernebelungen von Landschaften zu durchdringen. Besonders die drei Schicksalsfrauen waren mir immer wieder hilfreiche Begleiterinnen, wenn es darum ging, einem Leitgedanken zu folgen und die ältesten Schichten der Mythenlandschaften zu erkennen. Aber auch die Naturheiligtümer selbst sprechen eine klare Sprache, wenn sie von der christlichen oder moralischen Verhüllung befreit sind. Brauchtum und Sagen, die in einem naturbezogenen Rahmen stehen, vermitteln uns fast immer eine animistische Weltsicht. Wir müssen uns deren sinngebenden Kern jedoch erarbeiten, was durchaus keine leichte Aufgabe ist. Doch das statistische Aneinanderreihen von Motiven macht auch keinen Sinn, wenn keine klare Methode vorhanden ist und wir nicht auf die vielfältige Bedeutung von Kultplätzen zu sprechen kommen. Ich habe im wahrsten Sinn des Wortes den steinigen Weg gewählt. Aber die Erkenntnisse auf dieser Reise belohnen die jahrelangen Bemühungen mit Leichtigkeit. Dieselben Erfahrungen und inspirierenden Reisen wünsche ich auch den Lesenden, für die das Buch zur Begleitung geschrieben ist.

ANHANG

LITERATUR

MAGISCHES MÜNCHEN

Altenburg, Johann Nepumuk Ritter von: Deutsche Alpensagen. Wien 1861.

Altmann, Lothar: Streifzüge durch Münchens Kunstgeschichte. Regensburg 2008.

Bauer, Reinhard und Ernst Piper: Kleine Geschichte Münchens. München 2008.

Bauereiß, Michael, Ute Dietz, Bettina Schumann-Jung: Typisch München! München 2010.

Biller, Josef H. und Hans-Peter Rasp: München, Kunst & Kultur. München 2003.

Brönnle, Stefan: Landschaften der Seele. Darmstadt 2006.

Fenzl, Fritz: Münchner Kraftorte. Rosenheim 2011.

Fenzl, Fritz: Münchner Stadtgeschichten. München 2008.

Graichen, Gisela: Das Kultplatzbuch. Hamburg 1988.

Lieb, Norbert: München – Die Geschichte seiner Kunst. München 1988.

Luczyn, David: Magisch Reisen – Deutschland. München 1991.

Mayr, Claudia und Martha Schad: Frauen in Bronze. München 2008

Molyneaux, Brian Leigh: Heilige Plätze – Magische Orte. Köln 2002.

Rädinger, Christine: Geschichte der Münchner Stadtbäche. Stadtarchiv München 2004.

Rohrbach, Carmen: Am grünen Fluss. München 2007.

Scherm, Andreas: Unterwegs im Gestern. Miesbach 2007.

Schiermeier, Franz: Münchner Stadtbäche. München 2012.

Schinzel-Penth, Gisela: Sagen und Legenden von München. Frieding 1979.

Scholz, Freimut: Die Gründung der Stadt München. Eine spektakuläre Geschichte auf dem Prüfstand. München 2002.

Stadtatlas München. Karten und Modelle von 1570 bis heute. (Bibliothek)

Stadtgeschichte und Geschichten. MPZ Museumspädagogisches Zentrum. München.

Steinbacher, Dorothea: Magisches Oberbayern. München 2008.

DAS RÄTSEL DER ERDSTÄLLE

Ahlborn, Dieter: Geheimnisvolle Unterwelt. Das Rätsel der Erdställe in Bayern. Aying 2010.

Derungs, Kurt und Sigrid Früh: Der Kult der drei heiligen Frauen. Krugzell 2008.

Der Erdstall. Beiträge zur Erforschung künstlicher Höhlen. Jahreshefte des Arbeitskreises für Erdstallforschung, Heft Nr. 1–37. Roding 1973–2010.

Früh, Sigrid und Kurt Derungs (Hrsg.): Schwarze Madonna im Märchen. Mythen und Märchen von der Schwarzen Frau. Bern 1998.

Frau Holle – Mythos, Märchen und Brauch in Thüringen. Ausstellung in den Meininger Museen, Schloss Elisabethenburg 2009/2010.

Kollmann, Karl: Sagen als Quellen der Regionalgeschichte. In: Zeitschrift des Vereins für hessische Geschichte. Band 105, 2000.

Kollmann, Karl: Frau Holle und das Meißnerland. Einem Mythos auf der Spur. Eschwege 2005.

Perchtenbrauch in Bayern. Masken, Trommeln, Gesang und Tanz – Macht und Zauber. Hrsg. von der Perchten-Stiftung. Freising 2004.

Schwarzfischer, Karl: Zur Frage der Schrazellöcher oder Erdställe. Weidner Heimatkundliche Arbeiten. Weiden 1968.

Timm, Erika: Frau Holle, Frau Percht und verwandte Gestalten. 160 Jahre nach Grimm aus germanistischer Sicht. Stuttgart 2003.

Zum Autor: **Dieter Ahlborn** ist Vorsitzender des Arbeitskreises für Erdstallforschung, der einzigen Institution in Bayern und Österreich, die sich kontinuierlich mit der Erforschung künstlicher Höhlen beschäftigt. Immer unterwegs auf der Suche nach unentdeckten Erdstallanlagen ist er fasziniert von der Bayerischen Landschaft und ihren kulturgeschichtlichen Phänomenen. Er ist Mitbegründer der Ausstellung „Erdställe, rätselhafte unterirdische Anlagen", die seit einigen Jahren erfolgreich durch Bayern tourt. (www.erdstall.de)

MYTHISCHE ORTE

Ahlborn, Dieter: Die Marieneiche bei Kleinkarolinenfeld im Lkr. München. Unveröffentlichtes Manuskript. Grass 2008.

Ahlborn, Dieter: Geheimnisvolle Unterwelt. Das Rätsel der Erdställe in Bayern. Aying 2010.

Bek-Baier, Martin: Das Geheimnis der Schlupfaltäre. In: Evangelisches Sonntagsblatt aus Bayern. Nr. 33 (20.8.2006) und Nr. 34 (27.8.2006).

Bernstein, Martin: Römerstraßen und Kultplätze. München 2006.

Birkhan, Helmut: Kelten. Wien 1997.

Botheroyd, Sylvia und Paul F.: Lexikon der keltischen Mythologie. München 1992.

Brenninger, Georg: Die Kirchen der Pfarrei Irschenberg. Regensburg 1997.

Derungs, Kurt und Isabelle M. Derungs: Magische Stätten der Heilkraft. Marienorte mythologisch neu entdeckt. Grenchen 2006.

Derungs, Kurt und Sigrid Früh: Der Kult der drei heiligen Frauen. Mythen, Märchen und Orte der Heilkraft. Grenchen 2008.

Derungs, Kurt: Baumzauber. Grenchen 2008

Derungs, Kurt: Magische Quellen Heiliges Wasser. Grenchen 2009.

Derungs, Kurt: Magischer Bodensee. Reisen zu mythischen Orten. Grenchen 2011.

Die Schwarzen Führer: München – Oberbayern. Freiburg i.Br. 1998.

Eberstein, Eberhard von: Die Erdställe im Sagenkreis der Drei Jungfrauen. In: Der Erdstall Nr. 2. Roding 1976.

Einmayr, Max: Inntaler Sagen. Oberaudorf 1988.

Genius Loci. Der Geist von Orten und Landschaften in Geomantie und Architektur. Hrsg. von Lara Mallien und Johannes Heimrath. Klein Jasedow 2009.

Geschichte im Schatten einer Großstadt. Eichenau 1907–2007.

Haid, Hans: Mythos und Kult in den Alpen. Rosenheim 2002.

Holland, Hyacinth: Geschichte der Münchner Frauenkirche. Stuttgart 1859.

Hugo, Josef Anton: Chronik des Marktes und der Pfarrei Dießen. Dießen 1901.

Kriss, Rudolf: Die Volkskunde der Altbayrischen Gnadenstätten 1–3. München 1953–1956.

Kozljanic, Robert J.: Geschichten der Bethen. In: Hagia Chora 36. Lassan 2011, S. 46–51.

Kufner, Lore: Getaufte Götter. Heilige zwischen Mythos und Legende. München 1992.

Kuntscher, Herbert: Höhlen, Bergwerke, Heilquellen in Tirol und Vorarlberg. Berwang 1986.

Kutter, Erni: Der Kult der drei Jungfrauen. München 1997.

Löffelmann, Monika: Kult – Religionsgeschichte – Überlieferung. Der Erdstall Nr. 23. Hefte des Arbeitskreises für Erdstallforschung. Roding 1997.

Mayer, Josef Maria: Münchener Stadtbuch. Geschichtliche Bilder aus dem alten München. München 1868.

Naue, Julius: Die Hügelgräber zwischen Ammer- und Staffelsee. Stuttgart 1887.

Panzer, Friedrich: Bayerische Sagen und Bräuche 1–2. München 1848 und 1855.

Pennick, Nigel: Die heiligen Landschaften der Kelten. London 1996.

Popp, Karl: Wallburgen, Burgställe und Schanzen in Oberbayern. München 1994.

Puch: Edigna von Puch. Beschreibung und Artikel auf der deutschen Seite von Wikipedia 2011.

Reiser, Rudolf: Die Kelten in Bayern und Österreich. Rosenheim 1984.

Reitzenstein, Wolf-Arnim: Lexikon bayerischer Ortsnamen. München 1986.

Scherm, Andreas: Unterwegs im Gestern. Miesbach 2007.

Scherm, Andreas: So nah, so fern. Miesbach 2010.

Schinzel-Penth, Gisela: Sagen und Legenden von München. Frieding 1979.

Schinzel-Penth, Gisela: Sagen und Legenden um das Fünfseenland und Wolfratshausen. Frieding 2001.

Schnell, Werner: Marienmünster Dießen. Passau 2005.

Schmidt, Willibald: Sagen aus dem Isarwinkel. Bad Tölz 1979.

Schöppner, Alexander: Sagenbuch der Bayerischen Lande 1–3. München 1852–1853.
Sepp, Johann Nepomuk: Altbayerischer Sagenschatz. München 1876.
Steinbacher, Dorothea: Magisches Oberbayern. München 2010.
Strauss, Heidemarie und Peter E. Strauss: Heilige Quellen zwischen Donau, Lech und Salzach. München 1987.
Thomann, Günther: Die armen Seelen im Volksglauben und Volksbrauch des altbayerischen und oberpfälzischen Raumes. In: Verhandlungen des historischen Vereins Oberpfalz-Regensburg. Band 110/1970, 111/1971 und 112/1972.
Timm, Erika: Frau Holle, Frau Percht und verwandte Gestalten. Stuttgart 2010.
Vries, Jan de: Keltische Religion. Stuttgart 1961.
Wieland, Günther: Keltische Viereckschanzen. Stuttgart 1999.
Zingerle, Ignaz Vinzenz: Sagen, Märchen und Gebräuche aus Tirol. Innsbruck 1891.

BILDNACHWEIS

Der Verlag dankt den hier aufgeführten Personen für das freundliche Überlassen der Bilder und das Recht, diese abzubilden. Das Copyright der Abbildungen bleibt bei den jeweiligen Autoren und Fotographen. Bei einigen Darstellungen konnte das Copyright nicht mehr eruiert werden. Das Coverbild „Schloss Nymphenburg" stammt von Corry DeLaan, München.

Tamara von Butlar, S. 14, 15, 16, 18, 56, 58, 61, 70, 72, 94, 96, 98, 104, 196. Hoehenrausch.de, S. 75. Dieter Ahlborn, S. 112, 118, 199. Isabelle M. Derungs, S. 135, 168 oben. Maik Richter, S. 59. Reinraum, S. 69. Friedrich Panzer, S. 110. Andreas Mittermüller, S. 117. Andreas Braun, S. 122. Ursula Mosebach, S. 131. Kurt Derungs, S. 24, 28, 30, 33, 35, 37, 40, 44, 47, 51, 53, 65, 67, 79, 83, 87, 89, 90, 91, 137, 139, 140, 142, 146, 148, 152, 154, 156, 158, 159, 162, 164, 165, 166, 168 unten, 170, 172, 174, 179, 181, 187, 189, 190, 191, 192, 194, 198.